Thomas Hobbes

Behemoth
The History of the Causes of the Civil Wars of England

贝希摩斯
英国内战缘由史

[英] 托马斯·霍布斯 著

李石 译

图书在版编目（CIP）数据

贝希摩斯：英国内战缘由史/（英）托马斯·霍布斯著；李石译.
—北京：北京大学出版社，2019.4
（雅努斯思想文库）
ISBN 978-7-301-16705-2

Ⅰ.①贝… Ⅱ.①托…②李… Ⅲ.①战争史—研究—英国
Ⅳ.① E712.9

中国版本图书馆 CIP 数据核字 (2017) 第 328923 号

书　　　名	贝希摩斯：英国内战缘由史 BEIXIMOSI: YINGGUO NEIZHAN YUANYOU SHI
著作责任者	［英］托马斯·霍布斯（Thomas Hobbes）著　李石 译
责任编辑	张文华
标准书号	ISBN 978-7-301-16705-2
出版发行	北京大学出版社
地　　　址	北京市海淀区成府路 205 号 100871
网　　　址	http://www.pup.cn　新浪微博：@北京大学出版社　@培文图书
电子信箱	pkupw@qq.com
电　　　话	邮购部 010-62752015　发行部 010-62750672　编辑部 010-62750883
印　刷　者	天津联城印刷有限公司
经　销　者	新华书店
	880 毫米 × 1230 毫米　32 开本　8.5 印张　183 千字 2019 年 4 月第 1 版　2019 年 4 月第 1 次印刷
定　　　价	66.00 元

未经许可，不得以任何方式复制或抄袭本书之部分或全部内容。
版权所有，侵权必究
举报电话：010-62752024　电子信箱：fd@pup.pku.edu.cn
图书如有印装质量问题，请与出版部联系，电话：010-62756370

目 录

版本说明　*II*

《贝希摩斯》简介　*III*

译者前言　*XI*

书商给读者的话　*XVIII*

第一部分　*1*

第二部分　*71*

第三部分　*131*

第四部分　*187*

版本说明

译文根据威廉·莫利斯沃斯爵士（Sir William Molesworth）编辑、1840年伦敦版《霍布斯英文文集》（*English Works of Thomas Hobbes of Malmesbury*）第六卷收录的《贝希摩斯：英国内战缘由史，以及1640—1660年引发这些事件的商谈和诡计》（*Behemoth: the history of the causes of the civil wars of England, and of the counsels and artifices by which they were carried on from the year 1640 to the year 1660*）翻译，并参照保罗·西沃德（Paul Seaward）编辑、2010年克拉伦登出版社出版的历史考订版《贝希摩斯或长期议会》（*Behemoth or the Long Parliament*）修订。

《贝希摩斯》简介

经昆廷·斯金纳（Quentin Skinner）教授介绍，我与李石博士在英格兰剑桥相遇，她告诉我她正在翻译托马斯·霍布斯最鲜为人知的著作《贝希摩斯》，并与我讨论了一些有关这本书的困惑。而我恰巧在数年前出版了《贝希摩斯》的历史考订版，这个版本的底本是牛津大学圣约翰学院保存的原始手稿。由此，她邀请我为中国的读者写一篇简单的序，介绍《贝希摩斯》的写作缘由，以及此书与霍布斯的其他著作（尤其是《利维坦》）之间的关系。我欣然接受邀约，简介内容如下。

一、霍布斯为什么创作《贝希摩斯》

1660年英王查理二世复辟，几年之后，霍布斯撰写了《贝希摩斯》一书。在此书中，他描述了英国内战时期以及国王查理一世被处死之后的政权过渡期所发生的事件，并且以他在其最著名的著作《利维坦》中所构建的政治哲学来解释这些事件。

查理二世的复辟标志着自1640年以来英国政治动荡的结束。

那时，查理一世国王试图镇压北方苏格兰王国的叛乱，但因在英格兰受到反对而失败。对国王的反对起源于有关宗教的纷争——英格兰教会的教义和礼拜仪式——以及国王依法所拥有的权力。起初，国王试图通过在1640年5月选出的议会解决他与英格兰和苏格兰臣民之间的问题。然而，1642年年中，国王和议会开战了。

苏格兰人很快加入了这场内战，站在议会一边，国王在1646年战败。但双方一系列的谈判都没有产生一种稳定的政治安排，只是带来新的争端。议会内部对于下一步该怎么办，分裂成不同派别，打败国王的军队倾向于向国王施压，采取极端措施。在1648年年末，军队的一些成员发动了一场军事政变，他们清洗了议会。接着，剩下的议会成员（现在通常称为"残缺议会"）宣称国王掀起了反对其人民的战争，对其进行审判，并在1649年年初将其处决。他们接着宣布成立共和国。

霍布斯，以及其他许多被看作保王派的人，曾流亡法国。在那里，他于1651年创作了他最伟大的著作《利维坦》。这本书至少部分地是为了证明他关于臣民应服从他们的统治者的强烈权威主义思想，并谴责对于已确立的政治权力的反叛。虽然这似乎是为了论证王权反对议会叛乱的正当性，但许多保王派对霍布斯却持怀疑态度。这部分是因为他对政治权威合法性的理解——所有人同意将他们的权利让渡给主权者——这一论证与更传统的君权神授思想相去甚远；部分还因为他对于服从统治者的理由高度工具化的学说——主权者拥有保护和伤害的实际能力——这一学说可以被轻易地用来论证和巩固一种成功篡夺而来的权力。保守的保王派也震惊于霍布斯对宗教的漠视，他们中许多人与英格兰教会有紧密的联系，而后者与英国君主制又有密切的关联。霍布斯很快在查理一世的继任者查理二世的流亡宫廷中变得不受欢迎，于是返回了英格兰。

17世纪50年代的一系列骚乱事件发生期间，霍布斯都生活在英格兰，那时保守派与激进派之间正为国家的政治和宗教安排而展开激烈的斗争。在1653年，残缺议会最终被军队指挥官奥利弗·克伦威尔（Oliver Cromwell）解散。克伦威尔成为国家的统治者，拥有"护国主"（Protector）的称号——他小心地避免采用"国王"这一头衔。1658年他死后，没人能成功地维持政治稳定，而之前能进行决定性干涉的军队，此时则分裂成不同的派别。保守派将军乔治·蒙克（George Monck）带领着一部分军队，努力保卫伦敦，并在1660年年初颁布了号召自由选举新一届议会的命令。这一届议会将查理二世召回英格兰并复辟了君主制。

英格兰教会（曾于1646年被废除）恢复了其之前的权力以及作为英格兰唯一官方宗教团体的显赫地位。许多人希望英格兰教会能够容纳其反对者——新教，他们也想通过改变礼拜形式，使其变得不太严格并且区别于罗马天主教仪式（这在一个世纪以前的宗教改革时是被拒斥的），而保留国家教会的地位。他们还希望教会能够削弱主教们的权力和权威，形成一种更加合作的组织形式。但令他们失望的是，英格兰教会几乎没有向新教徒们做任何妥协。更有甚者，一种更激进的独立教派在过去二十年中成长起来，一小伙人聚在一起崇拜上帝，没有固定的形式，而这被宣布为违法。

在复辟君主制下，霍布斯自己的立场是模棱两可的。主教们对霍布斯满含敌意,对他抱有敌意的还有教会的政治支持者、查理二世的主管大臣(chief minister)——克拉伦登伯爵(Earl of Clarendon)[1]。与其他许多温和派的保守政治家一样,克拉伦登对霍布斯对于法律及其限制(英国政府通常运行于其中)的明显轻视总是心怀芥蒂。霍布斯有时甚至相信,主教正在密谋将他当成异端进行迫害,而且将他视为一个严重威胁。但是,霍布斯也有他的支持者,尤其是那些并不太赞同宪法限制的政治家,而国王自己也以少量津贴供养并保护霍布斯。

另外,霍布斯发现在查理二世复辟之后,他很难再继续发表政治哲学著作。但是,在1667年,一个新的政治危机导致克拉伦登伯爵失宠,其政治权力被削弱。而国王新的顾问,不像过去那样与教会有紧密的联系,也不再执着于宪法限制。霍布斯似乎抓住了这个机会,立即想要将自己往前推。《贝希摩斯》正是那一时期的作品。

二、霍布斯如何写作《贝希摩斯》

我们并不清楚《贝希摩斯》这部书具体是如何写成的。但是在其拉丁语诗体自传中,霍布斯自己告诉我们这部书大概写于1668年。其写作基础是一个极为简洁的英国政治事件编年史,始

---

[1] 爱德华·海德(Edward Hyde, 1609—1674),是第一代克拉伦登伯爵,英国政治家。他自1660年开始担任查理二世的主管大臣,直至1667年。他也是英国最重要的历史学家之一,著有关于英国内战的最具影响力的著作之一《英国叛乱和内战史》(*The History of the Rebellion and Civil Wars in England*)。——译注(如无特殊说明,脚注均为译注)

于 1637 年导向内战的政治时代，终于 1660 年的查理二世复辟。这一记述基于两个基本的叙述来源：第一个是爱德华·赫斯本兹（Edward Husbands）发表于 1644 年的文件集。其中有国王和议会两方所颁布的官方公告、投票、命令和条例，时间从 1641 年双方关系破裂到内战期间。第二个是詹姆斯·希斯（James Heath）于 1663 年出版的《英格兰、苏格兰、爱尔兰三个王国的内战编年史》（A Chronicle of the Late Intestine War in the Three Kingdoms of England, Scotland and Ireland，后简称《编年史》）。该书基于 1642—1660 年所出版的新闻报纸，详细记录了这一时期的政治事件。霍布斯查阅了这些著作，对政治事件进行叙述和评论。其叙述大致是准确的；而其评论，正符合霍布斯的风格——犀利，有时甚至是讥讽。他惯常诋毁议会的行动，有时也诋毁国王的温和的支持者。对于霍布斯来说，后者在战前以及战争刚打响的头几年中寻求妥协解决方案的企图是对于国王权利的背叛。那些企图与查理二世的主管大臣克拉伦登伯爵有紧密的联系，而他在霍布斯写作本书之前不久被免职流放了。

然而，这本书带给我们的还远远不止这些。在四部分对话中的第一部分和第二部分中，霍布斯抨击了精神权力，特别谴责精神领袖的宗教权威，并基于古代历史学家西西里的狄奥多罗斯[1]的记载，对古代埃及、埃塞俄比亚和希腊祭司实践世俗权力的情况进行了讨论。霍布斯还对大学以及它们如何被利用来增进教士的

---

[1] 西西里的狄奥多罗斯（Diodorus Siculus），是公元前 1 世纪古希腊历史学家，著有世界史著作《历史丛书》（Bibliotheca historica）四十卷。

权力进行了批评。《贝希摩斯》最不同寻常的地方在于：霍布斯反对精神权力的辩论通常是针对教皇和罗马天主教教会，他在《利维坦》里便是这样做的；然而，在《贝希摩斯》第一部分对话的激辩之处，霍布斯却将矛头指向了英格兰教会。霍布斯论辩道，英格兰教会并不比罗马天主教教会或者长老会（这两者通常被保王派看作君主制和英格兰教会的主要敌人）好多少，英格兰教会的主教宣称能够决定其教义和祈祷仪式，从根本上挑战了国王的权力。这一结论是通过详细考察英格兰教会的教士理查德·阿莱斯特里最广为人知的著作之一《人的所有义务》（*The whole duty of man*）[1] 而得出的。该书是一部在信仰和神学理论上都非常保守的著作。霍布斯认为，该书在教士于特定情况下抵抗王权的问题上表达了一种模棱两可的观点，这将削弱政府的权力。

三、标题为什么是"贝希摩斯"

霍布斯对于他为什么将这四部分对话称作"贝希摩斯"讳莫如深。［实际上有些人甚至怀疑霍布斯是否自己使用了这一标题，但他的出版商威廉·克鲁克（William Crooke）在霍布斯死后使用了这一标题，这可能是霍布斯想要用这一标题的最清晰证明。］《旧约·约伯记》中提到"贝希摩斯"和"利维坦"这两只怪兽，将它们

---

[1] 此书完整的标题是 "*The whole duty of man, laid down in a plain and familiar way, for the use of all, but especially the meanest reader*"。作者理查德·阿莱斯特里（Richard Allestree, 1619—1681），是一位保王派作家。

描述为已知的最强大有力的怪兽。"利维坦"后来被用来指鲸鱼;"贝希摩斯"是一种大型陆地动物,大概是河马或者大象。后世对霍布斯以"贝希摩斯"为标题的用意有许多解释,其中一些还是很有道理的。其中最可能的是,霍布斯试图将"贝希摩斯"当作"利维坦"的反面。如果"利维坦"意味着公民政体的强大权力,那么"贝希摩斯"指的就是它的敌人,处于暗处但并不缺乏权势的教会权威。霍布斯在回应英格兰教会的批评者约翰·布拉姆霍尔(爱尔兰的大主教)[1]时提到这一点:他指出,如果一名教士准备对《利维坦》进行回应,那将是"贝希摩斯对抗利维坦"。"贝希摩斯"的这一含义可以追溯到这一词的更早用法。在新教神学的宗教改革之初,马丁·路德(Martin Luther)以这一术语指教皇和主教制度以及其联盟和支持者,其后的新教作家则延续了这一用法。

在大部分现代版本所依据的手稿中,除了主标题"贝希摩斯"外还有一个副标题——"或长期议会"。长期议会通常指的是1640年选举产生的议会,这届议会一直到1660年才结束。它被称为长期议会,是因为在之前的英国历史上其他任何议会都没有这一届长。这是一届与国王抗争的议会;这届议会对国王进行了审判,并于1649年将其处决(即使当时许多议会成员被军队排除在外);1653年长期议会被克伦威尔解散;但在1659—1660年它又恢复了,直至最终由其自身通过投票解散并选出新一届的议会。

---

[1] 约翰·布拉姆霍尔(John Bramhall,1594—1663),是爱尔兰的阿马大主教(Archbishop of Armagh),英国国教的神学家和卫道士。他批驳新教、罗马天主教和霍布斯的唯物主义思想,捍卫英国国教。

四、为什么是对话形式

《贝希摩斯》所采用的对话形式对于一部历史作品来说是不常见的。这是霍布斯在17世纪60年代和70年代的晚期作品中所青睐的一种形式。他这样做可能是因为对话形式能够混淆视听，使读者不知道哪一个说话者表达的意见是自己真实的想法。但是，如果这是霍布斯的目的的话，这一做法并不是很有效，因为我们可以从文本中清晰地了解到霍布斯自己的观点。霍布斯实际上想以一种对话的形式介绍自己的哲学，这也是解决国家政治争端的最好的方式。对话的形式，允许霍布斯以最简单的方式提出自己的意见（例如建议屠杀所有长老派，这被强有力地拒绝了），否则这些意见将很难得到呈现。

五、《贝希摩斯》如何、于何时出版

《贝希摩斯》在写好后许多年都没有出版，因为国王不愿改变他的政策。霍布斯的任何有意义的作品都不得出版，以防开罪于主教们。然而，霍布斯的出版商威廉·克鲁克使出版变得可能，当政府出版审查的权力由于议会更新立法的失败而被削弱时，《贝希摩斯》终于得以出版。在霍布斯死后，此书于1682年出版。这并非由霍布斯授权，而是依据克鲁克从霍布斯那里得到的一个可靠版本。

保罗·西沃德

2017年春于剑桥

译者前言

爆发于1640年的英国革命是世界现代历史的开端：宗教文化、政治体制、经济结构、意识形态……人类社会方方面面的现代化历程都可以追溯到这段交织着新旧教派、议会与国王、英伦三岛之间各种阴谋诡计和残酷斗争的历史。托马斯·霍布斯（1588—1679），作为现代政治学之父，亲身经历了这段让人惊心动魄的战乱。身为保王派的他不仅在战乱中被迫流亡，更为国王被议会派砍头而痛心疾首。正是在对这段动荡岁月的冷静反思之中，霍布斯创作了政治哲学的不朽巨著《利维坦》，开创了现代国家的基本论证框架。《贝希摩斯》是霍布斯晚年直接以英国内战为论述对象的政治史著作。作为重要作家对重要历史的亲历亲述，《贝希摩斯》既是一份宝贵的历史文献，也是人类政治思想的一部杰作。

托马斯·霍布斯一生著述颇丰，包括历史、伦理学、政治哲学、几何学等方面。他在政治思想上的成就最为卓著，包括《利维坦》《论公民》《法之原本》《贝希摩斯：英国内战缘由史》（以下简称《贝希摩斯》）等作品，为近现代西方政治哲学的发展奠定了基础。

《贝希摩斯》是霍布斯晚年最重要的政治学著作。书名以《圣经》中的陆地怪兽"贝希摩斯"命名，与以海上怪兽"利维坦"命名的《利维坦》一书遥相呼应。如果说《利维坦》讨论的是主权者"利维坦"的诞生，那么《贝希摩斯》展现的则是主权者"利维坦"死亡之后的景象。全书以英国1637年至1660年的政治动荡为背景，采用对话的形式讨论英国内战的原因，内战发生、发展的来龙去脉，以及霍布斯本人对内战的看法。

17世纪中叶，英国斯图亚特王朝的统治陷入深深的危机。1637年苏格兰爆发起义，1640年11月3日查理一世为筹集军费被迫重开议会，这届议会一直到1660年才结束，在历史上被称作长期议会。这次议会的召开触发了议会派对查理一世的攻击，并最终导致内战的爆发。从1640年长期议会召开到1660年查理二世复辟这20年间，保王派与议会派发生多次武装冲突，国家的最高权力频繁易主。与此同时，在政治思想领域，各种政治派别展开了激烈的争论。

英国内战时期的政治思想派别可以大致分为保王派和议会派。保王派为国王的统治进行辩护，他们认为君主制是一种神圣的制度，国家的最高权力应由国王一人掌控。绝大部分保王派都以"君权神授"作为他们论证的基础。这一理论认为，国家的最高权力之所以应由国王一人掌控，是因为国王是上帝的代理人，拥有"神圣权利"（divine right）。国王的这一权利使得他拥有独占的、不受限制的、不可违抗的权力。因此，任何形式的分权和限权都是自相矛盾的。议会派与保王派针锋相对，议会派认为：第一，人民是一切权力的来源。任何权力,其合法性都来自于人民的授权和同意。在国王违背了人民的意愿,伤害了人民的利益和权利的时候,人民有权反抗王权。第二,国家的主权应该由国王、上议院和下议院三者分有,而不应由国王一人独揽大权。第三,国王的权力应该受到限制。第四,国家应该实行混合君主制,而不是绝对君主制。

霍布斯在政治立场上是一个保王派,他所创立的政治哲学致力于为绝对的王权进行辩护。然而有意思的是,霍布斯同时也是"君权神授论"的反对者,他对王权的辩护借助了议会派的理论起点,即人民是一切正当权力的来源。在《利维坦》一书中,霍布斯从自然状态和自然权利出发,系统建构了为绝对王权辩护的契约论。在霍布斯看来,第一,王权是绝对的,不受任何限制。按照霍布斯对契约的理解,人们在缔结契约的时候,是两两之间缔结契约,将各自的权利让渡给第三方,也就是主权者。而主权者作为第三方,并没有参与缔结契约,没有让渡出自己的任何权利。因此,在契约签订之后,主权者仅仅是接受人们让渡出来的权利,而自己的权力并不受到任何限制,即使是法律,也不能对主权者进行限制。第二,王权是不可违抗的。霍布斯认为主权者不可能侵犯授权人的利益,或违背授权人的意志。因为,主权者的行为是得到授权人的绝对授权的,是代表了授权人的意志和利益的。授权人如果反对或者不服从主权者,就是在违背自己的意志。第三,王权是不可分的。霍布斯认为,如果国家的主权由不同的人分有,那就像国家有两个以上的主人一样,会将国家带入分裂和内战之中。因此，任何形式的分权都是不允许的。霍布斯在《贝希摩斯》一书中，通过对英国内战史的分析，深入阐释了这些政治观点。

《贝希摩斯》全书分为四个部分：第一部分，讨论直接导致内战的宗教和政治上的分歧；第二部分，阐释国王和议会两阵营的书面论战；第三、四部分，勾勒出内战的历史梗概。可以说，《贝希摩斯》是霍布斯晚年应用自己成熟的政治理论对英国1640—1660年这段战乱的分析，是他在《利维坦》中所建构的国家学说的应用。

《贝希摩斯》一书写于1668年左右，霍布斯曾将书稿献给国王查理二世，希望能够出版，但碍于教会的原因，查理二世并没有同意。此书在1700年前出现了七个不同的手抄版本，现分别存于牛津大学圣约翰学院图书馆、阿伯丁大学图书馆、斯托（Stowe）大英图书馆、伦敦皇家内科医学院、都柏林三一学院和埃杰顿（Egerton）大英图书馆，其中都柏林三一学院有两个藏本。1679年出现了四个印刷版本，前三个标题为"英国内战史"（The History of the Civil Wars of England），第四个版本标题为"贝希摩斯，或者英国内战梗概"（Behemoth, or an Epitome of the Civil Wars of England）。1680年又出版了一个印刷版本，这一版本与1679年的前三个印刷版本非常相近。1682年书商威廉·克鲁克出版了一个新的印刷版本，他声称这是根据霍布斯在12年前给他的原稿印刷的，这一点我们可以通过霍布斯在1679年给克鲁克的信件得到佐证。霍布斯在这封信中说，由于陛下拒绝允许其出版，"所以我将它拿回来，并允许你抄写一份；在你抄完之后，我将原稿交给了一位德高望重并且博学的朋友，他在一年之后去世了"。在1700年至2010年之间出现了四个印刷版本：1750年的《霍布斯道德与政治作品集》(The Moral and Political Works of Thomas Hobbes)；1815年由费朗西斯·梅泽斯（Francis Maseres）编辑的《内战时期的小册子》(Select Tracts Relating to the Civil Wars)；1840年由威廉·莫利斯沃斯爵士编辑的《霍布斯英文文集》中的第六卷第二部分（这一版本是根据1682年的克鲁克版本印刷出版的）；1889年由费迪南德·杜尼斯（Ferdinand Tönnies）编辑的《贝希摩斯》单行本，这一版本在1990年由芝加哥大学出版社重新编辑出版，编辑者是斯蒂芬·霍姆斯（Stephen Holmes），这也是唯一一个以藏于牛津大学圣约翰学院的手抄稿为根据出版的版本。2010年，克拉伦登出版社出版了《贝希摩斯或长期议会》历史考订版，这一版本系统考察了1700年以前的七个手抄版本和六个印刷版本，并对不同版本进行了比较。其标题沿用了藏于牛津大学圣约翰学院的手抄稿。

本书译文根据1840年威廉·莫利斯沃斯爵士编辑的版本译出，此版本是基于学界常用的1682年克鲁克版本印刷的。与此同时，译者还参照克拉伦登出版社2010年的历史考订版本进行了校对，两个版本的不同之处在文中都已加注说明。译文还用〔〕对原文中指称不明、漏标年份之处做了补注，以使前后文义贯通。此外，为了便于读者查找原文，译者还以边码的方式给出1840年版的页码。

在本书翻译过程中，译者曾就一些疑难问题向各方面的专家请教：对于England一词的翻译，译者参考北京大学钱乘旦教授的意见，在统称英伦三岛时翻译成"英国"，而在特指英格兰地区时，翻译成"英格兰"。对于容易混淆的"权利"和"权力"的用法，全书中原文为power的翻译成"权力"，原文为right的翻译成"权利"。另外，就文中出现的59处翻译难点，译者于2017年在英国剑桥大学访学期间，请教了霍布斯后期著作研究专家、2010年克拉伦登出版社《贝希摩斯》历史考订版的编撰者保罗·西沃德教授，并根据他的意见进行了修改。对于各位专家给予的帮助和指导，译者表示衷心的感谢！

　　回想翻译此书时的情景：八年前，孩子刚出生不久，工作生活颇为困窘。为了既不被孩子打扰，又能随时应付孩子的各种状况，我曾裹着被子抱着笔记本电脑坐在窗台上，藏在窗帘后面翻译，几近一年。今日，此译稿几经周折终于得以刊印，而小孩也已上小学，进入人生的新阶段。此中的辛苦与欣慰，只愿都能化作读者的满意与微笑。当然，译者水平有限，难免会有疏漏，不足之处还请各位读者指正！

李 石

2018年11月

"我们所谈论的英吉利平原上的战争比内战还要过分,而法律站在了罪恶一边。——"[1]

Bella per Angliacos plusquam civilia campos, Jusque datum sceleri loquimur.——

---

1 这句话引自古罗马诗人卢坎(Marcus Annaeus Lucanus,39—65)叙述恺撒与庞贝之间内战的史诗《法沙利亚》第一卷(*Pharsalia* I. 2),原文为"Bella per Emathios plus quam civilia campos iusque datum sceleri canimus"。霍布斯改动了其中的两个词,一个是表示地点的形容词 Emathios 改为 Angliacos,即"英吉利",另一个是动词 canimus 改为 loquimur,即"我们所谈论的"。

书商给读者的话

我对公众的义务,以及对纪念霍布斯先生的义务,迫使我以我最大的勤奋来确保这些小册子以最精准的确定性呈现。[1]

真理的力量迫使我宣布,那几个伪造的《内战史》(History of the Civil War)的版本在多大程度上欺骗了世界,破坏了人们对霍布斯先生的记忆。在各种各样不专业的抄写本之中,我能看出它们犯了上千处错误,而且在上百个地方落掉了整个句子。

我必须承认,霍布斯先生出于某种考虑反对出版此书,但是,这本书显然不可能被埋没,没有哪本书比它卖得更好。我希望我不必因为对世界和这一作品做了正确的事情而害怕得罪某些人。我现在根据原稿刊印,这是由霍布斯先生自己抄写的,并于12年前亲手交给我。

我在其中加入了霍布斯反对布拉姆霍尔大主教的论文,这同样是为了避免偏见。市面上有这么多错误的版本,如果不这样做

---

1 这一前言被放在1682年版的前面,其中《贝希摩斯》与《对布拉姆霍尔大主教的回答》(Answer to Archbishop Bramhall)、《对异端的论述》(Discourse of Heresy)和《物理问题》(Physical Problems)一起刊印。——1840年伦敦版编者注

的话，人们对这篇文章肯定会有误解。我还根据一个更准确的抄本，加入了《对异端的论述》一文；同样还附上了他的《物理问题》一文，此文由他亲自翻译成英文，曾于1662年以拉丁文出版，并在文前附上了他给国王陛下的信。

在事先说明了这些事情后，剩下的就只有预祝此书畅销了，祝顾客们快乐而满意。

您谦卑的仆人，
威廉·克鲁克

第一部分

BEHEMOTH
PART I

A：如果时间与地势一样有高低之分的话，我坚信时间的巅峰将是 1640 年到 1660 年之间的这段岁月。因为，如果你在那段时间里，也就是在那座魔鬼之山（Devil's Mountain）[1] 上，留心这个世界并观察人们的行为，尤其是在英国，那你会看到这个世界可能展现的形形色色的不正义和各式各样的愚蠢，以及它们如何由人们的虚伪和自负而引发。在此我要说，虚伪是双倍的邪恶，自负是双倍的愚蠢。

B：我将乐于审视那一景象。您生活在那个时代，并且那时您正处在一个通常能够很好地看透善恶的年纪，而我还看不太清楚，因此我请求您，以您当时所见的行为之间的关系，以及它们的起因、借口、公正、命令、策略和结果之间的关联，帮助我理解这座魔鬼之山。

A：1640 年，英格兰政府尚为君主制，当时在位的国王查理一世拥有主权，这一主权来自延续了六百年的血统[2]。这一血统可以

---

1 霍布斯将 1640—1660 年这段时间比作时间上的魔鬼之山。
2 这里指 1066 年诺曼征服，诺曼王朝建立。

追溯到更早先的苏格兰国王[1]，以及苏格兰国王的祖先，征服了爱尔兰的亨利二世国王。无论从身体还是心灵来看，查理一世国王都不是一个缺乏任何长处的人。而且，除了履行对上帝的职责[2]——统治好自己的臣民——之外，他心无旁骛。

B：他在各郡拥有如此之多训练有素的军人以及存放军火的要塞，怎么可能就失败了呢？要是将这么多士兵汇集在一起的话，足以组建一支六万人的军队了。

A：如果那些士兵像他们以及其他所有的臣民应该做的那样听从陛下的命令，那么和平与幸福将在这三个王国之中延续，正像詹姆斯国王临终时的情形。但人们普遍地被腐蚀了，而且不服从的人被尊为最爱国的人。

B：但可以肯定，除了那些不怀好意的人，还有足够的人来组成军队，阻止人们结成反对国王的团体。

A：我认为，实际上如果国王拥有足够的金钱，他就可能在英格兰拥有足够的士兵。因为普通人几乎不会在乎缘由，而只会因为报酬或战利品来决定站在哪一边。但国王的国库不足，而他的敌人，自称要减轻人民的税收并许诺其他徒有其表的东西，却控制着伦敦城以及英格兰大多数城市和自治市镇（corporate towns）的钱袋，除此以外，还得到了许多私人资助。

B：但是，人们怎么会堕落到这种地步呢？引诱他们堕落的

---

[1] 这里指苏格兰国王詹姆斯六世（1566—1625），同时也是英格兰国王詹姆斯一世。
[2] 查理一世的父亲詹姆斯一世曾经写过一篇文章，题为"一个基督徒国王对上帝的职责"（A King's Christian Duty Towards God），霍布斯在这里提到"对上帝的职责"，可能与这有关。

是哪一类人呢？

A：引诱者有好几类人。第一类是牧师。他们将自己称作耶稣基督的大臣。在向人们布道时，他们时常自称为上帝的使者，自称从上帝那里获得权利来统治其堂区里的每一个人，而他们的大会有权统治整个国家。

第二，虽然教皇在英国的教、俗之权已经被议会法案废除，但有大批人（虽然属于少数）仍然持有我们应该由教皇统治的信念，他们伪称教皇是基督的代表，并以基督的权利统治全体基督徒，这些人被称作天主教徒（Papists）；而我在第一点中提及的牧师，通常被称作长老派[1]。

第三，还有为数不少的人，他们在纷争刚开始时并不引人注意，但不久之后他们宣称拥护信仰自由和发表不同意见的自由。他们中的一些人由于主张每个宗教集会的独立自由，而被称作独立派[2]。另一些人认为对婴儿施行洗礼是无效的，因为受洗礼者并不理解他们所接受的洗礼，这些人被称作再洗礼派[3]。还有一些人认为耶稣基督的王国此时将会在人间降临，这些人被称作第五王国派[4]。除

---

1 长老派（Presbyterians），是英国清教运动中的一派。该派反对英国国教的主教制，提出以选举产生的长老来取代国王任命的主教，即由长老组成宗教会议，管理教会。
2 独立派（Independents），是英国革命中清教徒的一个派别，产生于16世纪末。该派主张教徒独立体会上帝的意旨，教堂各自独立，由全体教徒直接管理。各教堂之间只有联合性质，并无隶属关系。
3 再洗礼派（Anabaptists），是欧洲宗教改革运动中的派别。该派否认婴孩洗礼的有效性，主张成人后应再行洗礼。
4 第五王国派（Fifth-monarchy-men），是基督教清教徒中最激进的一派，出现于17世纪英国共和国时期和护国时期。该派宣称，第一王国为亚述-巴比伦；第二王国为波斯；第三王国为希腊；第四王国为罗马；第五王国是以基督为王的千年王国，它即将降临人间。该教派也被称作千年至福派。

此之外，还有形形色色的其他派别，比如贵格会[1]、亚当派[2]等，有一些教派的名称和特有的教义我记得不是很清楚。这些人是根据个人对《圣经》的解释而起来反对国王陛下的敌人，而《圣经》已被翻译成他们的母语，暴露在每一个人的审视之下。

第四，有非常多的人是较好的一类，他们受过良好的教育，在青年时代阅读过古希腊和罗马共和国的著名人物所写的关于他们的政体和伟大事迹的著作。在这些著作中，民主政府被冠以"自由"的光荣名称而受到赞誉，而君主制则被诬蔑为"暴政"。由此他们开始热爱他们的政府形式。而下议院的绝大部分成员是从这些人中选出来的，即使他们不是下议院中的多数，通过雄辩他们也总是能影响其他人的意见。

第五，低地国家[3]在叛离了自己的君主——西班牙国王——之后，获得了令人羡慕的繁荣，伦敦城及其他主要的贸易市镇倾向于认为，本地政府的类似变化也将给他们带来同样的繁荣。

第六，有许多人或者挥霍了自己的财富，或者认为与其身上的优秀品质相比，他们的地位太卑微；还有更多的人，有健全的身体，却不知道如何能以诚实的方式获得他们的面包。这些人渴望有一场战争，并且希望通过支持某派的幸运选择而从此高枕无忧，因此他们主要受雇于有大量金钱的人。

---

1 贵格会（Quakers），又称公谊会或者教友派，是基督教新教的一个派别，产生于17世纪的英国，创始人为乔治·福克斯（George Fox）。该派因一名早期领袖的号诫"听到上帝的话而发抖"而得名。贵格（Quaker），意为"震颤者"。

2 亚当派（Adamites），又称"裸体主义者"。主张人类应当学习始祖亚当，完全地返璞归真。

3 低地国家（Low Countries），指欧洲西北沿海地区，包括荷兰、比利时和卢森堡。它们位于莱茵河、斯海尔德河、默兹河的河口，海拔低，所以叫低地国家。

最后，人们对自己的义务通常一无所知，恐怕在一万个人中也没有一个人知道别人命令他的权利为何，或者国王或国家有何必要存在，使他还要违背自己的意愿为此上缴一部分钱财。相反，这些人认为他们是自己财产的主人，如果未经本人同意，别人不能以公众安全之类的任何借口夺走他们财产的任何一部分。他们认为，国王不过是最高荣誉的头衔，正像绅士、骑士、男爵、伯爵、公爵，不过是借助财富而步步高升的爵位称号。他们无视衡平法[1]的规则，只看重先例和习俗。这样的人被认为智慧超群，并且最适合被选为议会的成员，而议会正是最反感给国王提供特殊津贴或其他公共支出的。

B：我认为，在这样的民情下，国王已经被驱逐出他的政府，所以人们没有必要再为此而动武。因为，我无法想象国王将采取何种方式来抵抗他们。

A：此事的确存在着很大困难。但通过以下的这段叙述，你将会更好地了解这一点。

B：但是，我首先想知道，教皇和长老派自称有权统治我们的根据，而且他们确实这样做；我尤其想知道，他们在那之后于何时何处以追求民主之名混进了长期议会。

A：对于天主教徒来说，他们根据《旧约·申命记》第17章第12条中的一段话以及其他类似的文字来挑战这一权利，根据古

---

[1] 衡平法（equity），是英国自14世纪末开始与普通法平行发展的、适用于民事案件的一种法律，英美法系中法的渊源之一。它以"正义、良心和公正"为基本原则，以实现和体现自然正义为主要任务。

拉丁语翻译是这样叙述的："若有人擅自行事，不听从那侍立在耶和华你神那里事奉的祭司，那人就要处死。"而且因为，正像犹太人那时是上帝的子民一样，这时整个基督教世界都是上帝的子民。他们从这里推断出来，他们声称教皇是所有基督徒的最高神父，全体基督徒应该遵从其所有的法令，否则将付出死亡的代价。同时，在《新约·马太福音》第28章第18—20条中，耶稣曾说："天上、地下所有的权柄，都赐给我了。所以，你们要去，使万民作我的门徒，奉父、子、圣灵的名给他们施洗。凡我所吩咐你们的，都教导他们遵守。"他们从这段话得出结论，耶稣的使徒的命令应该被服从，其结果便是国家必然由他们来统治，尤其是被众使徒之首圣彼得，以及他的后继者罗马的教皇们统治。

B：至于《旧约》文本，我看不出，上帝给犹太人制定的服从他们牧师的法令，为什么能够在其他基督教国家，甚至在非基督教国家（因为整个世界都是上帝的子民）被诠释得具有同样的效力。除非我们也承认，一个不信教的国王，只有通过使他服从使徒，或者教士，或牧师，也就是那些想要改变其信仰的人的法律，才能成为基督徒。犹太人是上帝独一无二的子民，是一个僧侣的国度，除了遵守摩西及其后大祭司们最早在西奈山上、在挪亚方舟的避难所，或者是在神殿的至圣之所（sanctum sanctorum）中直接从上帝的口中得来的法律外，他们不受任何法律的约束。而且，从《马太福音》的文字中，我得知福音书中的文字不是为了教育人们，而是为了广收门徒；臣民和门徒之间有很大的区别，就像在教育和命令之间有巨大的区别一样。还有，如果这些文字必须被如此解读的话，那基督教国家的国王为何不摘掉自己"陛下"的头衔和对主权的资格，而将自己称作教皇的代理人呢？但是，在对精神和世俗权力的区分中，天主教的教会博士们却似乎拒绝承认国王这一头衔所代表的绝对权力。然而，我不太理解他们对精神和世俗权力的这一划分。

A：他们所说的精神权力是指决定信念的权力，以及充当人们内在的关于道德责任的良心法庭的裁判，还有通过教会谴责也就是逐出教会的方式惩罚那些不服从他们的戒律的人。他们说，教皇并不依靠于任何国王或主权机构，直接从耶稣那里获得这一权力。国王或主权机构的臣民则是那些被逐出教会的人。而所谓世俗的权力，则在于裁决和惩罚那些违反公民法律的行为。按他们的说法，他们并不声称直接拥有这一权力，而仅仅是间接地；这是指，只有当这些行为倾向于阻止或者促进宗教信仰和良好风尚时，也就是他们所说的"涉及精神世界"（in ordine ad spiritualia）时，他们才有权干涉。

B：那留给国王和其他世俗主权者的、教皇不会自称属于他的"涉及精神世界"的权力还有哪些呢？

A：没有，或者很少。不仅教皇僭取了对整个基督教世界的这一权力，而且一些主教在他们所辖的教区内[1]也声称拥有不是通过教皇，而是直接从基督那里获得的"神圣的权利"（jure divino）。

B：但是，如果一个人拒绝服从教皇和主教们自称所拥有的

---

[1] 在克拉伦登出版社 2010 年版中，此处为"绝大部分主教在他们所辖的教区内"。

172 这一权力,那会怎么样呢?被逐出教会对他会有什么伤害呢,尤其如果他是另一个主权者的臣民?

A:那将是非常严重的伤害。因为在教皇或是主教对于世俗权力的影响下,他将受到重重的处罚。

B:那样的话对他来说就是一个错判的案件,他冒险以书面或口头的方式为世俗权力辩护,却必然被自己为其权利而辩护的国王惩罚。就像乌撒(Uzza),未经神的许可,他伸手去扶约柜以防止其坠落,却因此被判处死刑[1]。但如果整个国家共同起来违抗教皇,那被逐出教会可能会对国家产生什么样的影响呢?

A:啊,(至少教皇所有的牧师)对他们无话可说了。而且,教皇拿他们没有任何办法,只能驱逐他们,这就像一个国王丢弃他的国家一样,让他们自己统治自己,或者是让他们中意的人来统治。

B:这对于人民和对于国王来说都不能算作是惩罚。所以我认为,教皇将整个国家驱逐出教会,还不如说是他驱逐了他自己。但是,我请求您告诉我,在另有君主的王国中,教皇能自称拥有什么样的权利呢?

A:第一,所有神父、托钵修士和修院修士在触犯刑法的案件中免遭世俗法官的审判。第二,教皇按照自己的意愿确定本国或外国的领圣俸者,并收取什一税、首年金和其他款项。第三,

---

[1] 约柜是古代以色列民族的圣物。大卫尝试运送约柜去耶路撒冷,当时约柜放在牛车上,乌撒和他兄弟领着前行。《旧约·撒母耳记下》中说:"到了拿艮的禾场,因为牛失前蹄,乌撒就伸手扶住神的约柜。耶和华的怒气向乌撒发作;神因这冒犯在那里击打他,他就死在那里,在神的约柜旁。"

在所有教会可能自称与己有关的事情上向罗马申诉。第四，充当与婚姻相关的法律问题的最高裁判，这关涉到国王的世袭和继承，并且还有权审理所有涉及通奸和乱伦的案件。

B：好啊！这是女人的专利。

A：第五，在教皇认为适合铲除异教邪说的情况下，教皇拥有解除其臣民的义务以及他们对其法定主权者效忠的誓言的权力。

B：免去臣民服从义务的权力，就像充当风尚和教义的裁判的权力一样，是最为绝对的主权。其结果必然是在一个国家中会出现两个王国，而且没有人能够知道他必须服从他的哪一个主人。

A：对于我来说，我宁愿服从那个有权制定法律并且施以惩罚的主人，而不是那个自称拥有制定教规（canons）——也就是说规则（rules）——的权利，但无权实施，或者是无法对违规者施以惩罚，而只能将其逐出教会的主人。

B：但是，教皇还自称他的教规就是法律。而且假如像教皇说的那样，生前被教会逐出在外的人，死后真的会被打入地狱，那么还能有比逐出教会更严厉的惩罚吗？您似乎并不相信这一假设，否则的话，您将会选择服从教皇而非国王，教皇要将您的灵魂和身体都扔进地狱，而国王只能杀死您的身体。

A：你说得对。因为自从英格兰的宗教改革以来，所有的英格兰人（除了极少数的天主教徒外）生来就被称作异端，我如果认为这些人都应该下地狱，就太冷酷了。

B：但对于那些今天至死都被英格兰教会逐出在外的人，您认为他们该下地狱吗？

A：毫无疑问，那些不悔改而在罪恶之中死去的人是该下地狱的，这种因违抗国王的法律（无论是宗教的还是世俗的）而被驱逐的人，是由于罪恶而被驱逐的。所以，如果他至死都被教会逐出在外而且没有和好的愿望，那他就是在不知悔改中死去。你能看出下面的结论，在违抗那些没有权威和权限统治我们的人的戒律和教义中死去是另外一回事，并不存在上述的危险。

B：但是，罗马教廷如此残酷迫害的异端是什么呢，甚至要废黜那些违抗命令的国王（他们不听从将所有的异端逐出其统治领地的命令）？

A：异端这个词，当不带情绪地使用时，指的是一种个人意见。所以不同流派的古代哲学家，学园派（Academians）、逍遥派（Peripatetics）、伊壁鸠鲁派（Epicureans）、斯多葛派（Stoics）等，都被称作异端。但在基督教教会中，这个词有特定的含义，被理解为对于教义的首要裁决者（chief judge）、负责拯救人们灵魂的人的罪孽深重的反对。其结果便是，异端与精神权力的关系就会被说成类似叛乱者与世俗权力的关系。而且，由拥有精神权力并且统治人们的良心的人来迫害异端是合适的。

B：（因为我们全都被允许阅读《圣经》，并且以之约束我们的行动，不论是公开的还是私下的，）一些法律若能对何为异端有明确的定义，并且阐明一个人会因持有哪些特定观点而被判为异端且得到惩处，这将非常好。另外，不仅那些领悟能力一般的人，甚至是最明智最虔诚的基督教徒都有可能堕落成异端（即使他们没有任何反对教会的愿望）；因为，《圣经》是很难读的，而且不同的人对其解释也不尽相同。

A：异端这个词的含义是在伊丽莎白女王执政第一年的议会法案中宣布的。那份文件规定，那些女王特许了精神权威的人，也即高级委员会（High Commision），不具有将任何争议事项或诉讼案件裁定为异端事件的权威，以下情况除外：在此之前那些人已经在正典圣经（canonical Scriptures）[1] 的权威下被判决为异端；在此之前已被前四次大公会议（general Council）或者任何其他大公会议，以上述正典圣经的明确而平实的语言宣布为异端；或者是在此之后由本王国议会的高级法院（high court of Parliament）在教士会议（convocation）同意的情况下判决为异端。

B：所以看来似乎是，如果出现了什么还未被宣布为异端的新的错误，（而且有可能出现许多这样的错误，）不经过议会就不能被判决为异端。因为，不论这一错误如何邪恶，既然它是闻所未闻的，此人都不可能在正典圣经中或是在大公会议中已被宣布为异端。从而就不会有错误，除非图谋亵渎上帝或反叛国王，如果是这种情况，此人将依衡平法受到惩罚。此外，谁又能判断什么是《圣经》所断言的呢？这本书谁都可以读，谁都可以有自己的解释。不仅如此，如果每次大公会议可以成为一个有效的异端裁判者，那么对于新教徒来说，不论是平信徒（laity）还是教士，不是已经被宣告有罪了吗？因为种种宗教会议已经将我们的许多学说宣称为

---

[1] 教父时期为了系统化神学内容以回应异端的挑战，整个基督教的经典被分为正典、次经与伪经三个层级。正典是完全可靠的经典。次经，是一些作者还不能完全确定的作品。伪经，是指那些次经以外的著作，不能确定内容的真伪。

异端了。而且,正像他们所自称的,是在《圣经》的权威之下。

A:最初的四次大公会议已将哪些观点宣称为异端?

B:在尼西亚(Nicaea)召开的第一次大公会议宣称所有反对尼西亚信经[1]的人都是异端,这是针对阿里乌[2]异端否定基督的神圣性。在君士坦丁堡召开的第二次大公会议宣称马其顿尼教派[3]的学说为异端,这一学说认为圣灵是创造出来的。在以弗所(Ephesus)召开的第三次大公会议声讨了聂斯脱利[4]教派,这一教派认为基督有两个位格。在卡尔西登(Chalcedon)举行的第四次大公会议声讨了认为基督只有一个本性(只有神性没有人性)的优迪克[5]。除了关系到教政(church-government)的学说,或由另一些人以另外的说法教授的相同学说外,我不知道在这四次会议上还谴责了其他什么。这些会议都是由皇帝召开的,大会请愿书上的裁定也是经皇帝们自己确认的。

A:我看出来了,宗教会议的召开,以及对他们的教义和教

---

1 尼西亚信经(Nicene Creed),是传统基督教三大信经之一,是大公会议有关基督教信仰的一项基本决议。这项决议确定了圣父、圣子、圣灵为三位一体的上帝,地位平等。接受并且信奉此信经的有罗马天主教会、东正教会、圣公会(英国国教会),以及新教教派里的主要教会。

2 阿里乌(Arius,约250—336),早期基督教神学家,曾在亚历山大里亚地区任教职。因反对三位一体之说,主张圣子不具有神性,引发了基督教内部的严重分歧。其追随者形成阿里乌派。

3 马其顿尼(Macedonius)教派,是4世纪后期、5世纪初期在达达尼尔海峡附近的国家中兴起的反对尼西亚信经的异端教派。

4 聂斯脱利(Nestorius,约386—451),428—431年任君士坦丁堡牧首。他过分强调基督的人性,否认基督的神性。拜占庭皇帝狄奥多西斯二世于431年组织召开了基督教第三次大公会议,此次会议将聂斯脱利及其追随者定为异端,并革除教职,确定基督的神性和人性不能分割。

5 优迪克(Eutyches,380—455),拜占庭的修道士,创建了优迪克派,主张基督只有一个本性,即神性。

政体制的确认,都只能从皇帝的权威中获得强制力。那他们现在赋予自己立法的权力,并宣称他们的教规就是法律,又是怎么回事?《圣经》中的那句经文,"天上、地下所有的权柄,都赐给我了",现在仍然具有当初的力量,并且赋予宗教会议立法的权力,不只针对基督徒,还包括世界上所有的民族。

B:他们说不是。因为他们自称所拥有的权力是这样得到的,那就是当一个国王从异教徒皈依为基督徒的时候,通过臣服于使他皈依的主教,他臣服于主教的统治并且成为主教的一只羔羊;因此,主教的这一权利不可能支配那些非基督教信仰的民族。

A:是否是这样:君士坦丁大帝(Constantine the Great)时代的罗马教皇西尔维斯特(Sylvester),在劝服君士坦丁大帝皈依,成为自己的新门徒时,事先说明了,如果他成为一名基督徒,那就必须听命于教皇?

B:我相信不是这样的。因为,很显然,如果教皇事先如此明白地告诉他,或者仅仅使他产生疑虑,他肯定不会成为基督徒了,或者仅仅是成为一个伪基督徒。

A:但如果教皇并没有如实地告诉他此事,那这就是一个欺诈行为,不仅作为一个神父,而且作为任何一个基督徒来说,都是如此。由此,他们凭借皇帝的同意而获得权利,这是因为,在任何一个基督教国家中,他们不敢挑战立法权,也不敢将他们的教规称作法律,除非国王让他们这样做。但在秘鲁,阿塔瓦尔帕(Atabalipa)在位时,托钵修士告诉他,基督是整个世界的王,已经将所有王国的管辖权交给了教皇,而且教皇已经将秘鲁给了罗马皇帝查理五世,并且要求阿塔瓦尔帕听从这一安排。这遭到他的拒绝,于是他的手下被当时驻秘鲁的西班牙军队抓捕,他自己则被谋杀。从这个例子你可以看到,在有能力掌控的情况下,他们会自称拥有多少权利。

B:教皇们是什么时候开始拥有支配他们的权威的?

A:在像洪水一样涌来的北方民族在帝国的西部泛滥,并占据了意大利[1]之后,罗马城的人民臣服于他们的主教(不仅在世俗事务上,也在精神事务上)。于是教皇第一次以一个世俗君主的面目出现,并且不再害怕远在君士坦丁堡的皇帝。就是从这个时候开始,教皇通过自称拥有精神权力来蚕食西方所有其他君主的世俗权利,并且不断凌驾于他们的权力之上,直到他的权力在那三百年中达到最高点——这大约是在8到11世纪,也就是在教皇利奥三世(Pope Leo the Third)和教皇英诺森三世(Pope Innocent the Third)之间的时期。[2]因为在这一时期,教皇扎迦利一世(Pope Zachary the First)免除了当时的法国国王希尔佩里克(Chilperic)的王位,并且将王国交给他的臣民丕平(Pepin)。丕平从伦巴底人(Lombards)手中夺取大片土地,并将他们交给了教会[3]。此后不久,伦巴底人恢复了他们的领地,查理大帝(Charles the Great)重新获得它们,并且又交给了教会,而教皇利奥三世则使查理成为皇帝。

---

1 这里指5世纪的民族大迁徙运动。
2 霍布斯此处记述有误:教皇利奥三世于795—816年在位,英诺森三世于1198—1216年在位。
3 历史上称为"丕平献土"。

B：但是教皇当时声称拥有什么权利来扶立一位皇帝呢？

A：他自称拥有作为基督的代理人的权利，而且只要是基督可能给予的，他的代理人就可以给予。而你知道基督是整个世界的王。

B：是的，就像上帝。所以，世界上的所有王国都是他给予的，尽管这源自人民的同意，且无论这种同意是出于恐惧还是希望。

179

A：但是，帝国这一礼物是以一种更加特殊的方式获得的，以摩西被赐予对以色列人的统治权的方式；或更确切地说，是以约书亚（Joshua）接受其被赐予的对以色列人的统治权，在众人面前接受大祭司指引的方式。所以可以理解为，在接受教皇的指引的条件下，整个帝国被赐予他。因为当教皇授予他代表皇权的装饰物时，所有人都在高呼"上帝给予"（Deus dat），这就是说是上帝赐予了它，而皇帝则心满意足地接受它。从那时起，所有的或者说绝大部分的基督教国王都在他们的头衔前加上"蒙上帝的恩典"（Dei gratia），那就是说接受上帝的馈赠。而他们的继承者从主教那里接受王冠和王权时仍然使用这一语词。

B：这肯定是一个非常好的习俗，因为国王在位期间会警醒是受谁的赐予而得以统治。但是，从这一习俗中无法得出以下结论：他们从教皇这一中间人或者任何其他教士那里获得王国，因为教皇他们自己是从皇帝那里获得教皇职位的。在皇帝们成为基督徒之后，第一个选举产生的罗马主教（Bishop of Rome），由于没有得到皇帝的同意，于是写信给皇帝请求原谅：罗马的人民和教士强迫他坐上主教的位子，并祈求皇帝能够承认这一决定。皇帝当然是照做了，但指责了他们的行为，而且禁止此后再有类似的事情发生。这位皇帝就是罗萨里奥（Lotharius），而教皇则是加里斯都一世（Pope Calixtus the First）。[1]

A：从这里你可以看到，皇帝从未承认这一来自上帝的礼物是来自教皇的礼物，而是主张教皇的权限是来自皇帝的礼物。但随着时间的推移，由于皇帝的疏忽，（因为国王的伟大使他们不会轻易跌入野心勃勃的教士晦暗狭隘的陷阱，）他们设法使人们相信，教皇和教士有某种权力，人们应该臣服于这一权力，而不是听从人们自己的国王的命令，而这在任何时候都会引起争端：为了这一目的，他们设计并颁布了许多新的信条，以降低国王的权威，离间国王和他的臣民，并加深其臣民与罗马教会的联系。这些信条或者根本没有出现在《圣经》中，或者并非确切地立足《圣经》阐发而来。例如，首先，牧师结婚是不合法的。

B：这对国王的权力会有什么样的影响呢？

A：你没看见吗？这样一来，国王不可避免地要么无法获得牧师身份，并丧失最虔敬的臣民对他的大部分崇敬，要么〔成为牧师，不能结婚〕没有合法的王位继承人。由此，国王不被当作教会的首脑，他确信，在与教皇发生的任何争执中，他的臣民必将反对他。

B：难道如今的基督教国王不是和古时的异教国王一样，是一个主教（bishop）吗？因为在他们之中"主教"（episcopus）是所

---

[1] 霍布斯此处记述有误：教皇加里斯都一世于217—222年在位，而皇帝罗萨里奥于840—855年在位。

有国王共同的名字[1]。他现在不就是一个主教吗？上帝将掌管自己所有臣民（不论是平信徒还是教士）灵魂的权力托付给他。虽然与我们的救世主（第一牧师）相比，他不过是一只羔羊，然而，与他自己的臣民（包括平信徒和教士，他们全都是羔羊）相比较，他只是一个牧羊人。鉴于一个基督教的主教不过是拥有了统治教士的权力的基督徒，那么每一个基督教国王不仅是主教，而且是大主教[2]，他的领土就是他的教区。但即使承认了这一点，即由牧师实施的按手礼[3]是必需的，但鉴于国王统治着教士，他们在他接受施洗之前就已经是他的臣民，那么他被接受为基督徒的洗礼本身，就是一种按手礼。所以，之前他是个主教，而现在他是基督教的主教。

A：我同意你的看法：禁止牧师结婚的规定是在教皇格雷戈里七世（Pope Gregory the Seventh）时颁布的，也即英格兰国王威廉一世（William the First）执政时期。通过这种方式，教皇在英格兰长期而固定地有大批精力充沛的单身汉为他服务，不论是世俗教士还是清修教士。

其次，向牧师进行耳语告解是得到拯救所必需的。确实，在那之前，向牧师忏悔很常见，而且大部分的忏悔都是以书面的形式。但大约在爱德华三世（King Edward III）时这一方式被取消，而神父被要求聆听忏悔者的口头忏悔：人们普遍相信，在他们离

---

1 *Episcopus* 在拉丁文中是主教之意，国王在古代被冠以此名。
2 大主教（arch-bishop），亦称"总主教""主教长"，在罗马天主教中，指驻节大城市而管辖教省的主教，职位略低于宗主教。
3 按手礼（imposition of hands），是一种宗教仪式，主教将手按在一个人的头上，表示接纳他为教徒，或表示将某一个职位或权柄授予某人。

开这个世界之前，如果没有忏悔和赦罪，那他们就不能得救；在得到了神父的赦罪之后，他们就不会下地狱了。你从这里就可以理解，每个人是如何对教皇和教士充满了敬畏，超过了对国王的敬畏；而臣民将自己的秘密向密探忏悔，这对于一个国家来说是多么麻烦的事啊。

B：是啊，就像永恒的折磨比死亡更让人害怕一样，人们害怕教士甚于国王。

A：虽然罗马的教士可能不会断然声称一名牧师有彻底赦免罪恶的权力，而只能是在忏悔者悔改的条件下予以其宽恕，但人们却从来没有听他们如此教导过。人们仅仅是相信，无论何时，只要当他们完成补赎以示悔改的时候，他们就能得到赦免，他们之前的罪恶都将一笔勾销。与那同时，还颁布了"变体论"的信条[1]。关于这一条款有过很长时间的争论，人们是以什么样的方式来吃救世主耶稣基督的身体，是一件很难清楚地加以思考和想象的事情。但现在这一点已经非常清楚了，面包是基督的身体变的，所以人们吃的不再是面包，而是基督的肉。

B：那基督似乎有很多的身体，而且同一时刻出现在身处不同地方的领圣餐者面前。我认为那时的教士们是如此目空一切，以致不仅将普通百姓也将国王及其顾问们斥为愚昧不堪。

A：我现在是在叙述，而不是在驳斥。所以我希望你此时不

---

[1] 变体论（transubstantiation），是基督教神学圣事论学说之一。耶稣在最后的晚餐上祝圣饼和酒时曾说："这是我的身体"，"这是我的血"。以后教会在做弥撒时，由主礼的神父照此述说。按照天主教的传统观点，这时饼和酒的质体转变为耶稣的血和肉，原来的饼和酒只剩下五官所能感觉到的外形。

要考虑其他任何事情，而只考虑在有关教士的问题上，这一教义将会对国王和他的臣民们产生什么影响：既然只有这些教士能用一片面包造出救世主的身体，那么也只有他们能在人们死去的时刻拯救其灵魂。

B：在我看来，这将对我产生影响，使我认为他们是神，并且对他们产生敬畏，就像敬畏上帝本身，就像他能显现一样。

A：此外，其他的信条倾向于维护教皇的威信，教政体制中有很多细微之处，都导向这同一个目的。我将仅仅提及那些在这一时代确定的体制。因为那时游走布道的托钵修会开始出现，托钵修士们四处游走，他们拥有在任何认为合适的会众面前布道的权力，而且这样的布道确定不会给人们灌输任何可能削弱人们对罗马教会的服从的东西；恰恰相反，这些布道可能有助于罗马教会反对世俗权力。此外，他们私下里侵蚀那些判断力较弱的男男女女的想法，强化他们对教皇的忠诚，并且借他们生病之机为教会牟利，力劝他们捐钱、修建修道院或践行其他善行，并兜售免除罪过的必要性。

B：我不记得我曾获悉在这个世界上的任何王国或者国家，个人拥有召集全体人民并且时常向他们发表演说的自由，或者根本不用事先通知国家，这只有在基督教世界才会发生。我相信异教徒国王已预见到，几个这样的演说家就能煽动一次巨大的骚乱。摩西的确曾命令犹太人读《圣经》，并在每一个安息日的集会上向他们讲解《圣经》。但当时，摩西向他们所讲解的《圣经》只不过是国家的法律。而我相信，如果在英国人的几个定期圣会上经常读一读英国的法律并加以讲解，这并不会带来多大的害处，人们将会知道该做什么，因为他们已经知道该相信什么了。

A：我认为无论是托钵修士、修院修士还是堂区牧师的布道，都不是为了教导人们相信什么，而是要教导人们相信谁。因为强者的力量只有在人民的观念和信仰中才会有根基。而且，教皇反复说教的目的不过是为了维持并扩大他对所有基督教国王和国家的权威。

在同一时期，也就是在查理大帝到英格兰国王爱德华三世期间，他们开创了第二项体制。这就是，将宗教变成一门艺术，进而通过对《圣经》与亚里士多德的道德和自然哲学的辩论来维护罗马教会的所有教令。为了达到这一目的，教皇写信劝告上述那位皇帝〔查理大帝〕，建立教授各种学识的学校，大学这一机构由此得以开设。在那之后不久，在巴黎和牛津开建了大学。确实，在那之前，为了教孩子们学习拉丁语，也就是教会的语言，英格兰就已经在好几个地方有了学校。虽然在各种各样的修道院中，不可能没有一些教授哲学、逻辑和其他艺术的，这些修院修士除了学习而外，也无事可干；但作为知识性的大学，直到那时还没有建立起来。一些学院为了人们学习知识的目的建立起来，之后不久，在君主、主教及其他富人的捐助下，其他的学院也纷纷成立：学习科目必须得到时任教皇的确认；大批学者被他们的朋友送到大学学习，以此作为他们个人在教会和国家中的敲门砖和进身之阶。罗马教会从这些大学中期望得到且有效获得了的利益是：经院神学家们维护了教皇的教条，并且将教皇的权威凌驾于国王和他们的臣民之上。这些神学家极力使信仰中的许多内容变得难以理解，并请来亚里士多德的哲学帮忙，写出有关经院神学的大部头著作。没有任何人能够理解这些著作，甚至他们自己也不能理解。任何人都能想到，这其中包括彼得·隆巴德[1]和司各脱[2]的作品，评论司各脱著作的作品，还有苏亚雷斯[3]的作品，以及后世其他经院神学家的作品。然而，这种学问受到两种人的赞赏，虽然这些人也足够明智。一种是那些已经献身于罗马教会并且深爱着教会的人，他们之前就相信教义，而之所以欣赏这些论证，是因为虽然一点也不理解，但发现结论正合乎他们的想法。另一种是粗心大意的人，他们情愿跟从别人赞赏这些论证，而不愿费力去考察。所以各种人都坚信，不仅教义是正确的，而且教皇的权威并没有超出其应有的范围。

B：我认识到，在罗马教会拥有如此大权威的地方，一个基督徒国王（或国家）不论掌握多少资金和武器，都很难与教会相匹敌，因为缺少人。国王的子民很难被拉进战场，违背良心去英勇战斗。

A：在教皇与国王的争吵当中，教会人士确实掀起了很大的

---

1 彼得·隆巴德（Peter Lombard，1096—1160），经院神学家、主教，著有《箴言四书》（*Four Books of Sentences*），此书后来成为神学的教科书。
2 约翰·邓斯·司各脱（John Duns Scotus，1256/1266—1308），中世纪重要的哲学家、神学家。当时人称他为"精细博士"（Subtle Doctor）。他最大的成就是逻辑和语言学上的辩论，其中个体化原则（the principle of individuation）成为后来莱布尼兹哲学中详细发展的一个方面。
3 弗朗西斯科·苏亚雷斯（Francisco Suárez，1548—1617），西班牙耶稣会牧师、哲学家、神学家，被看作是托马斯·阿奎那之后最重要的经院哲学家。

反叛，如在英格兰发起反对约翰国王（King John）的叛乱[1]，在法兰西发起反对亨利四世国王（King Henry IV）的叛乱[2]。在这两国中，比起教皇，国王更占优势。而且，如果国王们拥有金钱的话，情况将总是这样，因为只有极少的人有如此慈悲的良心会在他们缺钱的时候拒绝金钱。但以宗教为借口能对国王们造成的最大损害是，教皇赋予一个国王侵略另一个国王的权力。

B：我想知道亨利八世国王[3]当时是如何彻底击败教皇在英格兰的权威，而在国内没有引起反叛，在国外也没有招致入侵的。

A：第一，由于手握重权，教士、修院修士和托钵修士中的大多数人变得放肆而无礼。因此，他们的论证力度被他们生活上的丑闻所消解。这对于乡绅阶层和受过良好教育的人来说是很容易察觉的，而且，由这些人组成的议会，也因此想要剥夺他们的权力。一般来说，长久以来对议会抱有好感的普通人，也不会为议会的行为而感到不高兴。第二，路德教派在此前不久兴起，其教义如今已经得到大量拥有较高判断力的人的深切认同，以致通过叛乱重树教皇权力的希望破灭了。第三，大小修道院的财政收入落入国王手中，经他转给每个郡最显赫的乡绅，这些修道院所

---

1 教皇英诺森三世于1209年开除了与自己争夺坎特伯雷大主教任命权的约翰王的教籍，并支持法王腓力二世进攻英格兰，最终迫使约翰王屈服，称臣纳贡。
2 亨利四世是法国波旁王朝的开创者。在1562年由顽固天主教分子挑起的胡格诺宗教战争中，亨利四世以新教领袖的身份参战，凭借出色的军事才能和善于利用敌方矛盾，赢得战争，并在1589年即位为法国国王，开创了波旁王朝。他在一生中经历了多次暗杀。1593年、1594年的两次天主教徒极端派的密谋都险些得手。最终，他在1610年被天主教极端分子刺杀。
3 亨利八世（Henry VIII, 1491—1547），英国都铎王朝第二任国王（1509—1547），也是爱尔兰君主。亨利八世推行宗教改革，使英国教会脱离罗马教会，自己成为英格兰最高宗教领袖。

能做的只有尽自己的努力保住其所有。第四，亨利国王的本性使他迅速而严厉地惩罚第一个反对他的策略的人。最后，假使教皇已经将王国给予另一位君主，国外发起的进攻仍然是徒劳的；因为英国是另一种形式的王国，而不是纳瓦拉[1]。此外，当时法国和西班牙的军事力量忙于彼此对抗，即便它们当时能空闲下来〔转而对抗英国〕，但与后来1588年英国对西班牙的胜利[2]相比，也就谈不上能取得任何胜利了。然而，尽管那时教士们傲慢、贪婪而伪善，尽管有路德教派，如果教皇没有因极力反对亨利八世国王与其第二任妻子的婚姻而激怒他，教皇的权威可能会在英格兰延续下去，直至有其他的争吵爆发。

B：难道当时的主教们没有许下誓言，除了其他事务外，他们还将捍卫和坚持圣彼得的法定权利（legal rights）——这个词组是 *Regalia Sancti Petri*[3]，尽管一些人将其读作 *Regulas Sancti Petri*，即圣彼得的规则或教义。后来的教士在阅读可能是用速记记下来的文本时将其误认为 *regalia*，这恰好帮了教皇的忙——我是说，主教们没有抵制反对教皇和至尊宣誓（oath of supremacy）的议会法案吗？

A：没有，我没有看到多少主教反对国王，因为没有他就没有权力，激起他的愤怒是非常轻率之举。此外，当时教皇和主教

1　纳瓦拉（Navarre），中世纪时期位于西班牙东北部和法国西南部的王国。
2　西班牙是15和16世纪的海上霸主。16世纪下半叶，英国完成统一后也开始推行殖民扩张政策，两国间爆发了争夺海上霸权的激烈战争。1588年7月21日，英国击溃西班牙无敌舰队。西班牙自此丧失了制海权。
3　此处的拉丁文含义为"圣彼得的统治权力"。

之间也有矛盾，大部分主教坚称他们的主教管辖权直接来自上帝，就像教皇对整个教会的管辖权直接来自上帝一样。还因为他们明白，他们是通过国王在议会中的这项法案保住自己权力的，而不是通过教皇，也从未想通过国王保有权力，所以他们或许更愿意让议会法案通过。爱德华六世（King Edward VI）统治时期，路德教派在英格兰深入人心，人们抛弃了教皇的许多新信条。随后玛丽女王（Queen Mary）继承王位，恢复了这些信条，并且还恢复了亨利八世所废除的一切，除了那些无法重建的修道院。爱德华国王时期的主教和教士，一部分被当作异端烧死，一部分逃走了，还有一些放弃信仰。那些逃走的，逃到了海外那些新教受到保护或者不会遭到迫害的地方。玛丽女王去世之后，在伊丽莎白女王时期，这些人又回来服务于女王并得到提拔，她恢复了她的弟弟爱德华国王的宗教。所以这一宗教，除了因最近的长老派和其他民主人士的叛乱而中断以外，一直延续到今天。现在，虽然罗马天主教已经被法律废除，但依然有大批人保持着先人们的宗教信仰，其中许多还是贵族。由于在良心上没有受到侵扰，这些人从自身的倾向出发不会对公民政府（civil government）造成麻烦。然而，由于耶稣会士和罗马教会其他特使的秘密活动，他们很少能够保持他们应有的平静，其中一些人铤而走险，采取前所未闻的恐怖行为，我指的是"火药阴谋案"[1]。由于这一事件，英格兰的天主教徒一直

---

[1] 1605年，英格兰天主教极端分子试图炸掉英国议会大厦，并杀掉正在其中参加议会开幕典礼的英国国王詹姆斯一世和他的家人，但这一计划并未成功。史称"火药阴谋案"（Gunpowder Treason）。

被看作是为了恢复教皇的权威而不会为任何由此而导致的混乱道歉的人。所以我将他们称作是已故查理国王〔查理一世〕时代英格兰的一种瘟疫。

B：我认为迪普莱西-莫尔奈[1]先生和达勒姆（Durham）的主教默顿博士[2]是对的，两人各自著书记述了教皇权力的发展。前者的著作名为《邪恶的秘密》（The Mystery of Iniquity），后者的著作名为《大欺骗》（The Grand Imposture）。因为我相信，世界上再没有类似的欺骗了，我很惊讶基督教世界的国王和国家对此毫无察觉。

A：他们显然察觉到了这一点。否则他们怎么敢掀起反对教皇的战争，而且，其中的一些人还把教皇当作囚犯一样带出罗马。如果国王们能将自己从教皇的暴政中解放出来，他们一定会一致同意，让他们当中的每一个人成为各自领地教会的首脑，就像亨利八世所做的那样。但是，由于他们之间无法达成一致，这就让教皇的权力继续存在，而当需要一个理由来反对他们的邻居的时候，每一个人都希望能够利用这一权力。

B：至于由长老派所引起的其他动乱，他们的权力怎么会如此之大？就这些人来说，他们绝大部分都是穷书生。

190

A：天主教徒与新教教会之间的争论只能促使每个人尽最大努力考察《圣经》，以证明自己是正确的。为达此目的，《圣经》被翻译成通俗的语言。然而在过去，《圣经》的翻译是不被允许的，

---

1 迪普莱西-莫尔奈（Monsieur Mornay du Plessis，1549—1623），是法国新教徒，亨利四世的谋士。
2 托马斯·默顿博士（Dr. Thomas Morton，1564—1659），曾任英国多地教堂的主教。

没有获得明示的许可，人们也不能去阅读。因为教皇与《圣经》的关系就像摩西与西奈山的关系。摩西不让任何人爬上山顶去聆听上帝的言说或凝视上帝，除非由像他这样的人亲自带领；而教皇不容许人们在《圣经》中与上帝对话，因为他们身体中没有值得信任的教皇的精神。

B：当然，摩西这样做很明智，同时也是根据上帝的诫命。

A：毫无疑问，此事本来就应该如此。因为在《圣经》被翻译成英语之后，能够读懂英语的每个人（是的，每一个毛头小子和乡下姑娘）都认为，当他们以每天读几章的方式读完一两遍《圣经》时，他们就可以与全能的上帝对话，能够理解上帝所说的。由于新教教会的影响，人们抛弃了对主教和牧师们的崇敬和服从，每一个人都成为了宗教的裁判，成为他自己的《圣经》阐释者。

B：难道英格兰教会不希望这样吗？如果他们的意思不是我应该将其作为我行动的规则，那他们将《圣经》介绍给我能有什么其他目的？若非如此，他们大可能将其意义封存在希伯来语、希腊语和拉丁语之中（虽然他们自己明了其意义），而仅仅向我灌输其中对于拯救我的灵魂和维持教会的平静所必需的东西。

A：我承认《圣经》被允许翻译导致如此多教派的产生，这些教派都隐藏着，直到已故国王〔查理一世国王〕统治初期，接着共和国就出现了骚乱。现在返回来叙述这一故事。在玛丽女王时期因宗教原因出逃的那些人，绝大多数居住在信仰新教并由牧师大会统治的地区。从公民政府需要更好政治家的角度来看，这些人起到的作用也不小。这使得活跃在他们中间的英格兰和苏格兰的新教徒非常高兴，他们希望当他们回去的时候，在自己的国家中新教的全体牧师能获得同样的荣誉和尊敬。在苏格兰，当时詹姆斯国王还很年轻，他们〔新教徒〕很快在一些权贵的帮助下达成了愿望。在伊丽莎白女王统治之初返回英格兰的那些人，也致力于同样的事情，但直到最近的叛乱，并且是在苏格兰人的帮助下，他们才在英格兰产生了影响。然而刚产生影响，他们却被其他教派击败，这些派别通过长老派的布道和对《圣经》的私人化阐释而发展壮大。

B：我知道在最近战争的一开始，长老派的确非常强大，不仅几乎所有的伦敦市民，而且英格兰所有其他城市和集镇的绝大部分人，都支持他们。但是，您还没有告诉我通过什么手段以及在什么程度上他们变得如此强大。

A：他们做到这些，靠的不仅仅是自己的手段，还得到许多乡绅的帮助，后者想在公民国家中建立一个民主政府的愿望，并不比那些牧师想在教会中进行类似改革的愿望弱。与那些在布道坛上把人们引向自己的观点（以及对教政体制、教规和公祷书的厌恶）的牧师一样，另一些人通过他们在议会的高谈阔论使人们热爱民主，通过他们的演说和与国民的沟通，以及对自由的不断颂扬和对暴政的猛烈抨击，让人民自己认定所谓的暴政就是现行国家政府。正像长老派将神学从大学带入他们自己的教会，许多乡绅将他们的政治学从大学带入议会。但是，在伊丽莎白女王时代两者都不敢明目张胆地这么做。尽管不可能所有人都是出于恶意这样做，但许多人是由于过失，然而可以肯定的是：主谋是野心勃勃的牧师和野心勃勃的乡绅。牧师嫉妒主教的权威,他们认为主教没有多少学问;而乡绅则嫉妒枢密院(privy-council),他们认为枢密院没有自己明智![1]因为受过大学教育的人,都过高估计自己的智慧,很难使他们相信自己缺乏任何治理共和国所需的能力,尤其是在他们读过古希腊和古罗马民主政府的光辉历史和咬文嚼字的政治学之后。在那些叙述中,国王受人憎恶,被烙上暴君的罪名,而民主政府(虽然暴君从不会像公民大会那样残忍)则以自由之名而为后人所知。在伊丽莎白女王统治之初,长老会牧师并没有公开宣讲反对教会的教义,因为他们不敢这样做。但不久之后,可能是在某位重要廷臣[2]的支持下,他们像以往四处布道的托钵修士们所做的那样,在工作日早晨外出,前往英格兰几乎所有的集镇布道。通过布道的方式和内容,以这些及其他相似信条控制了人们的灵魂,他们完全投身到赢得人们对他们教义的喜爱以及对他们个人的好评当中。

第一,关于他们布道的方式,他们刻意注重进入讲坛时的面容和姿势,以及在祈祷和布道时的发音,还不时引用《圣经》语句(不论人们是否理解),以致世界上没有任何一名悲剧演员能比这些人更好地扮演一个正直神圣的人。一个对这种手段不太熟悉的人,绝不会怀疑他们会有任何野心勃勃反叛国家的密谋(而他们当

---

[1] 在克拉伦登出版社2010年版中,此句为:"而乡绅则嫉妒枢密院和主要廷臣(principall Courtiers),他们认为那些人没有自己明智。"

[2] 据克拉伦登出版社2010年版第137页注49,此处指的可能是罗伯特·达德利(Robert Dudley),莱斯特伯爵(Earl of Leicester, 1532/1533—1588),伊丽莎白统治时期清教牧师的赞助人。

时就打算这样做），也不会怀疑他们高亢的嗓音（因为同样的话如果用通常的说话方式说出来将没有任何力度），以及他们充满力量的姿势和眼神，只能是源于为上帝服务的狂热。通过这样的手段，他们获得了如此巨大的声誉，以至于许多以往通常在工作日离开自己堂区和市镇的人，纷纷丢下自己的职责，星期天也不去自己的教堂，而是前往其他地方听他们布道，并轻视自己原有的、不如这些人表演得好的所有其他传道士。人们瞧不起那些不经常布道而是按照教会指定的方式宣讲的牧师，称他们为蠢狗。

第二，关于他们布道的内容，由于人民对于发生在罗马帝国晚期的王位篡夺的怒火还没有熄灭，他们认为没有什么比宣讲反对还未受到主教们责难的其他罗马天主教观点更让人们感到亲切的了。他们远远地避开教皇制比主教们更甚，在人们还没有很好地脱离偶像崇拜的情况下，他们可能因对主教们保持怀疑而使自己获得崇敬。

第三，在布道前，他们的祈祷文是（或者看起来是）临场之作，他们声称这是活在他们之中的上帝的精神口授的，而许多人都相信（或者似乎相信）是这样的。因为任何有判断力的人都可能看出，他们没有事先准备在祈祷中要说的话。于是，从此时起人们开始厌倦公祷书，而那不过是一种预先计划好的规定程式，提示人们该在什么内容之后说"阿门"。

第四，在布道中，他们从不或者只是温和地批评商人及手工业者耽于获利的恶行，例如伪装、说谎、欺诈、伪善，以及其他的不仁慈（除非这些人对他们的牧师和对忠于教会的人缺乏仁慈）。

这对于大多数市民和集镇居民来说是大有益处的，而对他们自己也不乏裨益。

第五，他们通过布道表达这样一种观点，那就是人们通过各自精神上的证明（也就是深藏在他们内心之中的圣灵）能够确保自身得到拯救。根据这一观点，人们发现自己内心对天主教徒充满了怨恨，而在回家的路上已经能够复述这些人的布道内容，并确信自己已经拥有了所必需的一切[1]，无论他们是如何欺骗以及恶毒地对待那些没有被算作圣人的邻居，甚至有时也如此对待那些所谓的圣人的。

第六，他们的确以极大的热忱和严厉态度痛骂两种罪恶，即世俗的肉欲（carnal lusts）和假誓（vain swearing）。没有问题，这些做得非常好。但是，普通人便倾向于相信，除了在第三诫和第七诫中规定的就没有其他罪恶了[2][因为很少有人能从欲望（lust）这一名称中理解到任何第七诫以外的淫欲（concupiscence）——通常不会说一个人欲求另一人的牲畜或其他财物]。所以，人们再不会因欺诈和恶意的行为而感到良心不安，而仅仅是努力保持他们自身的贞洁，或者至少远离相关的丑闻。而且，他们在布道和写作中坚称并谆谆劝导说，心灵最初的运动，也就是男人和女人看到对方形体时的快乐（即使人们反省其过程并保证这不是出于谋划）不过是一种原罪。他们将年轻人引入绝望，并让他们认为自己

---

[1] 在克拉伦登出版社 2010 年版中，此句为"他们已经拥有了获得拯救所必需的一切"。
[2] 这里指摩西十诫中的第三条"不可妄称耶和华你神的名；因为妄称耶和华名的，耶和华必不以他为无罪"和第七条"不可奸淫"。

是受诅咒的，因为他们不能（没有人能够，因为这违反了自然的法则）做到注视一个令人快乐的目标而不快乐。通过这种方式他们成为良心受到谴责之人的告解神父，在所有与良心相关的事务上被这些人当作灵魂的医生来服从。

B：不过，他们中的好些人确实经常布道反对压迫。

A：确实是，我忘记这点了。但布道是面向那些已经充分摆脱压迫的人，我是说那些可能会轻易地相信自己受到了压迫，而自己绝不会是压迫者的普通人。所以你可以将这算作是他们的诡计，让人们相信自己受到了国王或是主教的压迫，或者两者皆有。后来他们还趁机吸引卑鄙之流加入他们的党派。但这在伊丽莎白女王时期仅仅是谨慎地进行，她的恐怖和嫉妒令他们害怕。他们在议会还没有掌握任何大权，还不能通过表达对权利或其他名目（他们称其为自由）的诉求来质疑女王的特权。这些是他们后来所做的，当时民主绅士与他们商议，计划将政府形式从君主制转变为民主制。

B：谁会想到这些可怕的计划会如此轻易而长久地被掩盖在敬神的外衣之下？他们是最不敬神的伪善者。这一点在由这些行径所最终导致的战争中，以及在战争中所犯下的不敬行为中，得到了充分的证明。但是，建立民主政府的企图在议会中最早出现是什么时候？谁提出的？

A：至于尝试将政府从君主制转变为民主制的时间，我们一定要弄清楚。直到他们杀死了国王，他们才以这一名义的通常含义挑战主权；直到国王被伦敦城中反对他的骚乱逐出伦敦，并出于人身安全的考虑而撤退到约克，才有几个头脑开始挑战权利。他在那里还没有待多少时日，他们就向他提出十九点建议，其中有超过一打是对若干权力的要求，尤其是对主权权力的核心部分。而其中一些权力，他们此前已经在他们所谓的《权利请愿书》中要求过了。国王已经在先前的某届议会中授予了他们这些权力，虽然这样做他不仅剥夺了自己在没有他们的同意的情况下征收赋税的权力，还剥夺了自己从吨税和磅税中得来的固定收入，以及监禁他认为可能在王国中妨碍和平并煽动叛乱的人的自由。至于做这些事的人，只要指出他们是上一届议会以及查理国王执政初期和詹姆斯国王执政末期某几届议会的成员，就足够了，不必说出他们所有人的名字，进一步的阐述超出了讲述这个故事所需要的。他们大多是下院议员，也有少数是上院议员，但所有人都对于他们在政治上的重要性自视甚高，却又认为国王并未充分注意到这一点。

B：当国王拥有一支强大的海军和大量训练有素的士兵，并掌控着所有弹药仓库之时，议会如何能够发起这场战争呢？

A：国王确实掌控着以上这些，但这并不代表什么。通过长老会牧师的布道和无知虚伪政客的煽动性谣言，这些掌管着海军和军火库以及所有训练有素的士兵，还在某种意义上拥有国王的所有臣民的人，成了国王的敌人。而且，此时王可能除了议会应该交给他的钱外就没有其他钱，可以肯定这些钱不足以维持他的王权，而他们正企图夺取他手中的权力。但我认为，要不是因为将我们的公祷书强加给苏格兰人（他们都是长老派）的不幸事件，他们从未想要冒险诉诸战争。因为我相信,英格兰人绝不会理所当然地认为议会应该掀起对国王的战争,即便是面对任何挑衅,除非是在国王首先向他们开战的情况下,他们为求自保;所以,他们必定会挑拨国王去做看起来有敌意的事情。此事发生在1637年,正如通常认为的那样,国王听从坎特伯雷大主教的建议,向苏格兰送去了一本公祷书。这本书与我们的没有本质差别,在文字上也没有多少差别,只是把长老一词换成了牧师,并且为了保持王国的一致性,命令那里的牧师也使用这一公祷书,作为礼拜的通用形式。在爱丁堡教会宣读此令时,引起了一场骚动,宣读者费了九牛二虎之力才死里逃生。这还促使绝大部分贵族和其他一些人凭借他们自己的威信缔结盟约,他们不恭地将这称作与上帝的盟约[1],不征求国王的意见就取消了主教制度;他们当时这样做,受到了自身所怀信心的激励,或得到了某些英格兰民主派人士的担保,后者在前几届议会中是国王利益的最大反对者。国王无法在不召开议会的情况下组建一支军队来惩罚他们,而这肯定对他们有利。因为这些民主派当时的主要目标就是强迫国王重新召开议会,此前国王发现除了阻碍自己的计划外,召开议会对他没有任何帮助,便已有十年未曾召开过议会。然而,与他们〔英格兰民主派〕的期望相反,在受感召的臣民(即贵族和乡绅)的帮助下,国王转而组建了一支强有力的军队。这支军队如果开赴战场的话,可以使苏格兰人像以往一样屈服。国王亲自率领这支军队进入苏格兰,苏格

---

[1] 史称1638年《国民圣约》(National Covenant)。

兰的军队也开赴战场应对国王，就像他们打算战斗一样。但紧接着，苏格兰人请求国王允许双方的特派专员缔结条约。国王也不想让自己的臣民遭到毁灭，便屈从了这一提议。双方的议题是和平，国王于是去了爱丁堡，并在那里通过了让他们满意的议会法案。[1]

B：难道他那时没有认可主教制度吗？

A：没有，而是采取让步废除了它；但这样一来，英格兰人组建议会的希望就破灭了。然而，我们所说的民主派，之前国王利益的反对者，仍然没有停止将两个民族带入战争的努力，国王最终可能只得以不低于主权自身的价格买得议会的帮助。

B：苏格兰的乡绅和贵族如此痛恨主教制度的原因是什么呢？因为，我很难相信他们的良心会格外地敏感；也不相信他们是如此伟大的神学家，以致能知道什么是真正由我们的救世主和他的使徒们所定立的教会纪律；也不相信人们会这样爱戴他们的牧师，以致不论是在教会还是世俗世界中都接受牧师对他们的统治。因为与其他人一样，他们在生活中也是自身利益和喜好的追逐者，主教们并不比长老派牧师更加反对这一点。

A：我真的不知道。我无法进入其他人的思想，这超出了对于普遍人性的思考给我的指导。但关于这一点，我认为，首先，那些继承了先祖的财富和尊贵身份的人不会容忍的是，那些穷书生成为主教之时，必然将成为他们的同类。其次，为了民族之间的荣耀之争，他们可能愿意看到这个民族受到内战的折磨，也可能希

---

[1]《贝里克和约》（Treaty of Berwick）在1639年6月18日签订。

望，通过帮助这里的反叛者，获得一些对英格兰人的影响力，至少能在这里树立长老派的纪律。这也是后来公开要求的条款之一。最后，他们可能希望从战争中得到大量的钱财，作为对他们的帮助的回报，此外，他们还在战后获得了大量战利品。但是，不论他们仇恨主教的原因是什么，把主教们推翻并不是他们的全部目标：如果是这样，主教制度现在已经被议会法案废除了，他们应该已经满意地歇息了，然而他们并没有。因为在国王回到伦敦之后，英格兰的长老派和民主派认为可以在苏格兰人的帮助下推翻英格兰的主教们，既然自己已帮助苏格兰人推翻了苏格兰的主教们。为了这一目的，他们可能还秘密地和苏格兰人打交道，对于他们之前所满意的和平开始不满意。不管怎样，在国王回到伦敦后不久，他们向一些宫廷中的朋友上递了一份文件，声称其中包括所谓的和平条款。这是一份虚伪的、诽谤性的文件。我听说，国王下令将这份文件公开烧毁了。于是，双方又返回到国王率军出征时的状态。

B：大量金钱被无端耗掉。不过，您还没有告诉我谁是那支军队的将军。

A：我告诉过你，国王亲自去了。在国王之下负责指挥的是阿伦德尔伯爵（Earl of Arundel），一个既不缺乏勇敢也不缺乏判断力的人。但要开战还是签订条约都不是他能掌控的，而是国王。

B：他来自一个极为高贵而忠诚的家庭，他的祖先曾在自己国家内狠狠地痛击苏格兰人[1]。如果双方开战的话，他极有可能给他

---

[1] 根据克拉伦登出版社 2010 年版第 147 页注 65 的考证，这里指托马斯·霍华德（Thomas Howard），他曾于 1513 年在弗洛登（Flodden）击败苏格兰人。

们同样的打击。

A：他可能确实会，但是，出于这个原因而任命他为将军是一种迷信，尽管以往许多将军都是因为其先辈在类似境况下的好运而被选中。在雅典和斯巴达之间旷日持久的战争中，雅典的一个将军在海战中多次击败斯巴达人。出于这一原因，在他死后，人们选择他的儿子做将军，却节节败退。罗马人凭借西庇阿（Scipio）的勇敢和指挥战胜了迦太基人，当他们准备在非洲再次向恺撒开战时，选择了另一个西庇阿做将军。此人足够勇敢和智慧，但却死于此项任务。回到我们自己的国家，埃塞克斯伯爵（Earl of Essex）在加的斯（Cadiz）进行了一次胜利的远征，但他的儿子，后来被派往同样的地方，却一事无成。希望上帝让一个家族或者一个姓氏继承胜利，这仅仅是一种愚蠢的迷信。

B：在和解破灭之后，接着又是什么？

A：国王派汉密尔顿公爵（Duke Hamilton）带着委任状和指示前往苏格兰召开议会，并让他采用一切可能的办法。但是，所有这些都没有达到目的。当时苏格兰人决定组建一支军队进入英格兰，像他们声称的那样，来向陛下呈递一份请愿书以表达他们的不满；因为他们说，国王受到邪恶的顾问们的控制，使得他们无法获得他们的权利。但事实是，他们受到英格兰民主派和长老派的鼓动，这两派人许诺他们以回报，并带给他们掠夺的希望。一些人说，汉密尔顿公爵也鼓励他们这么做，而不是阻止他们进行这次远征；他希望利用这两个王国间的混乱而使自己成为苏格兰的国王（他之前就受到这样的指责）。但我认为，这是过于严厉的责难，在如此薄弱的基础上来如此严厉地评判一个人。而后来，他在为他的主人——国王——寻求自由时丢掉了性命。[1] 苏格兰人进攻英格兰的决定一传出，正如国王的敌人所期望的那样，国王当时缺钱组建军队以抵抗苏格兰人，不得不召开议会。1640 年 4 月 13 日，议会在威斯敏斯特召开。

B：我认为英格兰的议会在任何情况下都应该为国王筹措资金，现在是在抵抗苏格兰人的战争中，出于对那个民族〔苏格兰〕根深蒂固的不满也该如此。毕竟过去苏格兰一贯站在英格兰的敌人法国人一边，并且总是认为英格兰的光荣使他们暗淡无光。

A：这的确很常见，相邻民族羡慕彼此的荣誉，而其中能力弱者则心怀更大的恶意，但这并没有阻碍他们对那些共同的野心所驱向的东西达成共识。所以国王发现来自本届议会的帮助不是更多，而是更少。并且大多数议会议员，在他们一般的谈论中，似乎都在奇怪国王为什么要与苏格兰开战。在议会中，他们有时候将苏格兰人叫作"他们的苏格兰兄弟"。他们没有考虑帮国王筹措经费的事情，而是着手补偿他们的不满，尤其是纠正上一次议会休会期间国王被迫用来征税的手段。这其中有对骑士征收的船税，还有（如人们称呼的那样）给王室的小费（vails），律师们从王国古代的记录中发现这些费用是合法的。此外，他们还攻击国家中好几个大臣的行为，尽管这些大臣是依照国王的命令和许可行事。由此，在他们回到被召集来讨论的问题之前，战争所需的钱来

---

[1] 1648 年查理一世被擒，汉密尔顿公爵带领苏格兰军队攻打英格兰，想要营救国王，被克伦威尔击败，并被残缺议会判处死刑。

得太迟了（如果他们给予了一些的话，他们从来就没有想这么做）。事实是，经讨价还价，议会曾提到要给国王一笔钱，作为他放弃征收船税的权利及其他一些特权的交换。但金额太少了，而且没有确定总数，对国王期望获得的胜利而言，可谓杯水车薪。因此，在接下来的5月5日，国王解散了议会。

B：那国王去哪里筹钱来付给他的军队呢？

A：他被迫第二次利用贵族和乡绅。他们根据各自资产的多少，或多或少地贡献了一些，然而他们还是齐心合力组建起了一支强大的军队。

B：在议会中阻挠国王要办的事情，却在议会之外尽他们所有的力量来推进它，做这两件事的似乎是同一批人。这是什么原因呢？

A：大部分的上院议员以及英格兰的乡绅，都更倾向于君主制政府而不是民主制政府，但他们又不能忍受长久地听命于国王的绝对权力。这使得他们在议会开会期间很容易迎合限制国王权力的意见，并将政府变成一个他们所说的混合君主制的政府：其中绝对主权在国王、上议院和下议院之间划分。

B：但如果他们无法达成协议，又会怎样？

A：我认为他们从未想过那种情况。但我肯定，他们绝不认为主权应该完全属于两院或其中之一。此外，他们不愿在国王受到外族人入侵之时抛弃他，因为苏格兰人被他们看作是外族人（foreign nation）。

B：我觉得非常奇怪，英格兰和苏格兰在同一座岛屿上，使用的语言几乎一样,而且受同一位国王的统治,却将彼此看成是外族人。罗马人是许多民族的主人,他们越是强迫这些民族服从罗马城邦发布的法令和法规,这些民族就越认为他们被变成了罗马人。这些民族的人甚至做了罗马的元老院议员,每个普通人被给予罗马城邦居民的特权,这一保护使他们免受其他邻近民族的侮辱。他们认为值得为此脱离各自的民族国家,像西班牙、德国、意大利和法国。苏格兰人和英格兰人为什么不以类似的方式联合成一种人(one people)呢?

A:詹姆斯国王在他刚刚加冕成为英格兰国王时做过这样的努力,但没能成功。然而我相信,尽管如此,苏格兰人如今在英格兰拥有的特权与你所说的组成罗马人的那些民族中的任何一个在罗马拥有的特权一样多。因为他们全都加入了这一国籍,有权在英格兰为他们自己及其子孙购买土地。

B:对于那些在詹姆斯国王拥有英格兰王国之后在苏格兰出生的人来说,确实是这样。

A:如今在此之前出生的人几乎没有了。但为什么在此之后出生的人比在此之前出生的人有更好的权利呢?

B:因为他们一出生就是英格兰国王的臣民,而其余的则不是。

A:其他的不是生而为詹姆斯国王的臣民吗?难道他不是英格兰的国王吗?

B:是的,但以前不是。

A:我不理解这一区别的微妙之处。这一区分是基于什么法律？还有什么成文法与此区分有关？

B：我说不出来。我想没有，但是，这是基于公平。

A：然而，我在其中几乎看不到公平：必须同等地服从于同一个国王的这些民族，却不享有平等的特权。现在鉴于只有这么少的人生于詹姆斯国王入主英格兰之前，那在罗马国内，通过加入国籍而变成罗马人的那些人获得了什么更大的特权，或者在英国，英国人比苏格兰人获取了什么更大的特权吗？

B：那些罗马人，当他们中任何人在罗马的时候，都对法律的制定有发言权。

A：苏格兰人有自己的议会，在那里法律的制定需要得到他们的赞同，这与罗马一样，很好。法兰西许多省份不是有他们各自的议会和各自的宪法吗？而他们同样是法兰西国王的天然臣民。所以，在我看来，英格兰人和苏格兰人相互称对方为外族人是错误的。无论如何，国王有一支非常强大的军队，他用这支军队向苏格兰进军。当他要到达约克时，苏格兰的军队已经在边境列队，准备进军英格兰（如今他们也是这样做的）¹。他们一路上宣称，他们的进攻不会对国家造成损害，而他们的差使仅仅是向国王递交请愿书，为了使他们声称受到的来自宫廷中人的伤害得到补偿，而国王大多是听从了后者的建议。于是，他们悄悄地经诺森伯兰（Northumberland）来到纽卡斯尔（Newcastle）稍北面的泰恩河（river of Tyne）的一个浅滩上，在此，他们遇到了被派去阻止他

---

1 据克拉伦登出版社 2010 年版第 152 页注 77 的考证，苏格兰军队在 1640 年 8 月 20 日越过特威德河（River Tweed），同一天查理一世离开伦敦。他在 8 月 23 日到达约克。

们的一支国王军队的微弱抵抗，苏格兰人轻易地搞定了他们。把他们击败后，苏格兰人立即占领了纽卡斯尔，然后继续前进，攻占了达勒姆，并派人向国王表达了缔结条约的愿望，得到了国王的同意。双方代表在里彭（Ripon）见面，会议的结果是，所有意见都必须提交议会，国王应该在同年（1640年）的11月3日在威斯敏斯特召开议会。国王随即回到伦敦。

B：于是，军队被解散了？

A：没有。苏格兰军队的军费由诺森伯兰郡和达勒姆郡支付，国王则支付自己军队的开销，直到议会同意解散两支军队。

B：所以两支军队的开支实际上都由国王来支付，整个争执将由几乎全是长老派组成的议会来裁定，而且后者将像苏格兰人所期望的那样偏袒他们。

A：然而，基于所有这些，他们现在不敢向国王开战：人民心中还对国王保留着这么多的尊敬，如果他们公开宣示他们的意图的话，将招致怨恨。他们必须用某种幌子（colour）使人们相信，是国王首先向议会开战的。再则，他们还没有充分利用布道和小册子来诋毁国王[1]，还没有将他们认为最能给国王出谋划策的人从他身边弄走。所以他们决定像老练的猎人一样与国王周旋：先孤立他，在各处设置人员[2]把他驱赶到开阔地带，然后当他似乎要转头的时候，就说他是要向议会宣战。

首先，他们想篡权，想把这些权利从国王那里夺过来。他们

---

[1] 在克拉伦登出版社2010年版中，此处为"诋毁国王及其行为"。
[2] 在克拉伦登出版社2010年版中，此处插入了"并以他们的喧闹"这一短语。

对以布道或写作捍卫归属于王权之类权利的人提出质疑，于是，一些传道士和作家被关进了监狱，或被迫逃走。国王没有保护这些人。接着，他们质疑国王对大臣们采取的一些举动，他们因此囚禁了一些大臣，还有一些逃到海外去了。所以，那些一直努力通过写作和布道来煽动叛乱的人，以及犯有其他重罪的人，曾在星室法庭中接受御前会议（King's council in the Star-chamber）的审判，并被投入监狱。议会试着以自己的权威下令给予这些人自由，就像是国王和人民会这样做似的（因为他们自己无足轻重）。此事就这样办成了，他们以胜利者的姿态在伦敦成群结队而行，人民则报以热烈的喝彩声。在毫无阻力的情况下，他们质疑了[1]国王收取船税的权利。

B：船税？那是什么？

A：英格兰的国王们，为了海上的防御，有权向英格兰所有的郡（无论是否沿海）征税，用于建造和维修船只。这是当时国王发明的一种新的征税理由，议会将其视为一种压迫而极力反对。其中一名议会成员，被征收了20先令的船税[2]。（所谓的压迫：一个议会议员每年有500英镑，只被征收20先令税收！）他拒绝缴税，他们被迫依法审理这一案件，而他被判败诉。当威斯敏斯特的全

---

[1] 1840年版在此处漏掉了"他们质疑了"这一短语，据克拉伦登出版社2010年版增补。

[2] 查理一世掌权后，打算着手建设一支有强大战斗力的海军舰队，他的资金主要来自船税。1635年查理一世将船税扩展到包括内陆各郡的全国范围，而且1636年继续在全国征收，这突破了临近战争和沿海地区这两大船税的限制，将船税变成了普通税。来自内陆白金汉郡的乡绅汉普顿拒绝交税，引发了英国历史上著名的"船税案"。在查理一世的强大压力下，英国财政署内室法院以7:5的微弱优势支持国王的征税特权。此后船税一直在全国范围内征收，直到1641年被议会宣布非法并取消。

体法官被要求再次对此判决的合法性给出自己的意见时，12个人中有10个人认为这是合法的。尽管他们没有因此遭到惩罚，但却受到了议会的恐吓。

B：当议会宣称这一判决非法的时候，他们是什么意思？他们的意思是不是说它违反了成文法，或违背了此前法学家的判决理由（通常被称为判例报道）？抑或这一判决违反了衡平法（在我看来，这是与自然法相一致的原则）？

A：知道别人是什么意思是一件很困难的事情，或者几乎不可能，尤其是如果他们很狡猾的话。但我敢肯定，衡平法不是他们声称豁免向国王缴纳赋税的理由，他们不过是出于自己的愿望。因为当他们将保卫和统治整个王国的重任托付给任何一个人时，他要依赖其他人来履行这种职责，这就几乎没有公平可言；而如果他这样做了的话，他们就是他的主权者，而不是相反。就判例报道中引用的普通法而言，他们除了国王给予的权力外，没有其他权力。再则，让一个腐败或愚蠢的法官的不公正审判在任何时刻、不管多久都能获得法律的权威和力量，这是更加不合理的。但在成文法当中，有一部被称作《大宪章》（Magna Charta），或者《自由大宪章》（the Great Charter of the Liberties of Englishmen），国王在其中一条允诺，任何人都不应被扣押财物，也就是不能被剥夺财产，除非是经国内法审判。

B：这难道不是达到他们目的的充足理由吗？

A：不是。这让我们陷入同样的疑问，虽然你认为它清除了这些疑问。因为，当时哪有国内法啊？他们指的是此前某位古代国

210

王制定的另一部《大宪章》吗？不是。在已有的成文法中，没有免除任何人为公共事务付钱的责任，而是防止每一个人滥用国王的权力，通过暗中获得国王的授权来镇压那些在诉讼案件中的对手。但是，将其阐释为错误的含义以迎合其他人或者大部分人的理解，并任其传播，这有助于达到本届议会中一些反叛人士的目的。

B：您把议会的成员想得太简单了。人们选择他们，是因为他们是本国最明智的人。

A：如果富于诡计也算明智的话，他们是够明智的。但是，我将明智定义为：一个人知道如何不借助流氓行为和卑鄙诡计，仅凭自己想出来的好办法，将自己的事业进行下去。一个傻瓜可以仅凭假骰子或一副好牌赢过一个更好的赌棍。

B：根据您的定义，现今明智的人太少了。这种明智是一种勇敢，很少有人能培养出来，而大部分人都将其看作一种愚蠢。身着精致体面的衣冠服饰，以彬彬有礼的举止对待那些不能忍受伤害的人，而用伤害对待那些能忍受伤害的人，这就是现在的勇敢。但是，当议会后来手握权力时，他们征收赋税为自己所用，人们又对他们说什么了呢？

A：还能说什么，那是合法的，应该缴纳的，是经议会同意而征收的。

B：我曾听说他们应该缴纳经议会一致同意而为国王所用的税收，但从来不是为议会自己所用。我看出来了，欺骗民众比欺骗他们中的任何一个人要容易。因为，任何一个没有因意外事故而丧失天生判断力的人，不可能在与自己钱包有关的事上轻易受骗，如果他不是被其他人冲昏了头脑，去追求政府的改变，或者仅只是追求每个人统治自己的自由。

A：那判断一下，这些无知的大众会选举什么样的人做他们的自治市议员和郡议员呢？

B：我只能做出以下的判断，当时获选的那些人正是前几届议会的议员，而且很有可能还会被选举为下几届议会的成员。因为，普通人一直不知道并且以后也不会知道他们对公众的义务，他们除了个人的利益外从不考虑任何事情。在其他事情上他们听从直属的领导，后者或者是传道士，或者是他们之中最有实力的乡绅，就像普通士兵事事听命于他们的直属上尉一样（如果他们爱戴他的话）。如果您认为刚发生的苦难会使他们变得明智的话，那苦难很快就会被忘记，而我们将变得还不如以前。

A：为什么在教授人们他们的义务（也就是关于正义和非正义的知识）时，不能像教授其他各种知识那样，根据真正的原则和明确的论证去教导他们？为什么这种教导没能比任何一个传道士和民主乡绅教导谋反和叛国要容易得多？

B：但是，谁能教任何人都没学过的东西呢？或者有谁是如此超凡，研究过关于正义和公平的知识呢？而当这违背那些拥有权力伤害他的人的利益时，他怎么能安全地教授它呢？

A：我们并不缺乏经过充分论证的正义与非正义的原则，它们出自即便是领悟能力最差者也能明白的原理。尽管它们的作者默默无名，这些原则却照亮了本国和国外那些受过良好教育之人的心灵。但相对于其他人来说，这样的人是少数，有许多人没有阅读能力；许多人虽然能够阅读，但没有闲暇；而那些有闲暇的人，绝大部分将他们的脑筋用于考虑他们个人的事业或快乐。所以，除非通过假日的讲道坛，大众不可能学懂他们的义务，而当时，他们正是从那里学会了不服从。于是，义务学说的光芒至今仍被满含敌意的乌云所遮盖，不借助于大学的权威，没有任何个人的声望能够打破这片乌云。但是，所有那些教授与义务学说相反东西的传道士都是出自大学。大学对于这个国家来说，就像是特洛伊城的木马一样。

B：您能给我谈谈，从什么时候开始，以及为什么在英国及其他地方建立大学吗？

A：至于时间，好像是从查理大帝统治时期开始的。我不怀疑，在那之前有许多教授拉丁语的文法学校，而拉丁语是罗马教会的自然语言。但所谓大学，那是教授一般性知识的学校，尤其是神学，可以肯定的是此类学校的建立是由教皇写信建议查理大帝，再由他在任期间于索恩河畔沙隆（Chalons-sur-Saone）召开的教士会议进一步提议的。此后不久在巴黎就建立了一所大学，在牛津建立的大学被称作牛津大学大学学院（University College）。一些主教、贵族以及富人提供了不同程度的资助，还有一些国王和王后也投入其中，使得大学最终达到了今天的显赫地位。

B：但是，教皇在其中的企图是什么呢？

A：除了你刚才听到的，在那些建有大学的国家中，提升教皇本人的权威，他还可能有什么其他企图呢？他们在那里学会了为他争辩，而当他们蚕食国王们的权利时，就会用令人难以理解的区分来蒙蔽人们的眼睛。他们如此迅速地着手这项工作，就是教皇的企图的明显证据。巴黎大学的第一任校长是彼得·隆巴德，正像我们在某处读到的那样，他第一次把所谓经院神学的学问带入大学。他的继任者是生活在同一年代或临近年代的约翰·邓斯·司各脱。任何不知晓他们企图的聪明读者，都会认为他们两人是世界上最令人吃惊的笨蛋，他们的作品是如此含混不清、毫无意义。从这些作品当中，后来的经院神学家学会了将摆在读者面前的东西强加于他们的技巧，并且以言词的分歧（verbal forks）削弱了真正理性的力量。我的意思是说，除了用来吓唬无知大众外，这些区别毫无意义。至于有理解能力的读者，这样的人实在太少，这些新来的高高在上的博士才不关心他们在想什么。这些经院学者是要让人们相信教皇们时不时下令让人们相信的所有信条：这些信条中，有许多违背了国王以及其他世俗主权者的权利。为了宗教的目的，它们将所有教皇声称是精神权力所必需的权威都赋予了教皇。

215

所有传道士正是从大学涌向城市和乡村，恐吓人们要绝对服从教皇的教规和命令，由于害怕过于惊动国王和亲王们，他们还不敢把教皇的教规和命令称作法律。

亚里士多德的哲学也正是在大学中成为了宗教的一部分，沦为许多荒谬信条的奴仆。这些信条涉及基督身体的性质以及天使和圣人在天堂中的情况。他们认为宜于让人们相信这些信条，因为这些信条给他们中的一些人带来利益，给另一些人带来对教士的尊敬，甚至是对教士之中最卑微者。因为当他们使人们相信他们中最卑微者都能做成基督的身体时，还有谁会不对他们或教会表露自己的尊敬和慷慨呢，尤其是在人们生病的时候，在人们把他们视为制造和带来救世主的人的时候？

B：但在这些欺诈行为中，亚里士多德的学说对他们又有什么帮助呢？

A：他们更多地利用了他的晦涩难懂，而不是他的学说。古代哲学家的著作没有一部能够与亚里士多德的相媲美，因为他们惯于用语言纠缠和迷惑人，并制造争端，而这些争端最终一定是以罗马教会的判定为终结。他们使用了亚里士多德学说的许多观点，首先是分离的本质（separated essences）的学说[1]。

B：什么是分离的本质？

A：分离的存在。

B：从什么分离？

A：从每一样存在的东西上分离。

B：我不能理解任何东西的存在，我只理解不存在。但他们对此能做什么呢？

A：能做很多，比如在关于上帝本性的问题，关于人死之后在天堂、地狱和炼狱中灵魂归属的问题上。通过这些争论，你们每一个人都能知道，他们从普通人那里得到了多大的服从和多少钱财啊。但亚里士多德认为人的灵魂是身体的第一推动者，所以也是灵魂本身的第一推动者。他们在自由意志学说中应用了这一

---

[1] 亚里士多德在《范畴篇》中将本体和其他范畴区分开，认为只有本体是主体，是其他一切范畴的载体。亚里士多德还认为，其他范畴都不能离开本体而存在，但是本体却可以离开其他范畴而独立存在，这就是亚里士多德所谓的本体的"分离性"特征。

观点。至于他们由此获得了什么，以及是如何获得的，我将不予论述。进而亚里士多德认为，在这个世界上有许多事情的发生并无必然的原因，仅仅是偶然，是随意和机遇。

B：我认为，在此学说中，他们让上帝变得无所事事，只是一个机遇游戏的旁观者；因为以上帝为原因的事情，必然会发生，在我看来，没有任何事情不是这样的。但是，因为必须为受诅咒者遭受永恒痛苦的正当性提供一些根据，他们认为，也许人们的意志和习性不是在上帝手中，而是在人们自己手中。我也看到这会有助于维护教会的权威。

A：这并没有多少帮助。亚里士多德也没有为他们增加多少可信度，而当他的观点和他们的相反时，他们可能会忽视他。亚里士多德所说的任何在自然中不可能的事情，他们都能以上帝的全能力量对其可能性给予足够的证明。如上帝能够使得许多身体处于同一地点的同一体中，或者是一个身体同时在许多地方（如果变体论的学说这样要求的话），尽管亚里士多德否认这些。我不喜欢将宗教变成一种艺术的这一计划，宗教应该成为法律。虽然在各个国家不完全相同，但在每个国家宗教都是无可争辩的。而且，教授宗教经典也不是像教授艺术那样：应该首先说明宗教术语的含义，然后从术语之中推导出他们想要让我们相信的真理。另外，宗教中的绝大部分术语也并非无法令人理解。这些经典绝大部分是拉丁文和希腊文的作品，根据其被使用的国家的母语有细微的变动，尽管这更显得读者缺乏学识，而不是对经典本身缺乏恰当的处理。但最不能令人容忍的是，如果任何教士想要在教会中升迁，都要被迫做出相信它们的样子，而升迁的关键掌握在教皇手中。对于普通人，无论他们是否相信那些微妙的学说，都从不会因为他们的学识而被尊为教会的好子民。得到拯救的途径只有一条，那就是，对于教会的超乎寻常的忠诚和慷慨，以及时刻准备着为了教会（如果教会要求的话）而向他们自然且合法的君主们开战。

B：我看到了他们是如何应用亚里士多德的逻辑学、物理学和形而上学的，但我不明白他的政治学如何能为他们的学说服务。

A：我也不明白。我认为，亚里士多德的政治学对他们没有什么用处，倒是意外给我们带来了很多害处。因为，人们最终厌倦了教士的傲慢，以及对这些摆在他们面前的学说的真实性的检验，他们开始考察经典的含义。这些经典都是用学术的语言写成的，因而他们学习了希腊文和拉丁文，开始熟悉亚里士多德和西塞罗的民主原则，并由于喜爱他们的雄辩而爱上他们的政治学，接着就越陷越深，直到发展成为我们现在所谈论的叛乱。这只是对我们的削弱，对罗马教会没有任何帮助。自从我们在亨利八世时期挣脱出他们的网络，他们一直在努力恢复。

B：他们从亚里士多德伦理学的教导中获得了什么呢？

A：亚里士多德的道德学说或者任何其他学说，没有对他们产生任何伤害，也没有给我们带来任何好处，这对于他们来说是件好事。他们的学说引发了许多关于美德和罪恶的争论，但没有任何关于美德和罪恶是什么的知识，也没有找到获得美德或避免罪恶的办法。道德哲学的目的是教给人们他们的各种义务，包括对公众的义务和相互之间的义务。他们对美德的判定，部分是通过人们激情的庸常[1],部分是由于它们受到赞扬。然而,不是或多或少的赞扬使得一种行为道德,而是其原因(使其道德);也不是或多或少的批评使得一种行为罪恶,而是应受法律约束之人的行为不遵守法律,或者是不符合所有人所认定的公平与仁慈。

B:您似乎区分了臣民的伦理学和君主的伦理学。

A:我是这样做的。臣民的美德完全包括在对共和国法律的遵从之中。遵守法律就是正义和公平,也就是自然法,从而,也就是遵循世界各国的民约法(civil law)。而且,除了违反法律以外,没有什么是不正义的或者邪恶的。另外,遵守法律也是臣民的明智之举;因为要是没有臣民的服从的话,共和国(这是每一个臣民的安身之所)就无法维持下去了。虽然对于个人来说,正当而适度地致富也是明智的,然而狡猾地拒绝以自己的部分财富支付法律所要求的公共费用,或在这个问题上欺骗公众,却不是明智的标志,而是意味着他们缺乏保卫自己所必需的知识。

君主的美德就是致力于维护国内和平和抵抗外敌。坚毅是一种王室的(royal)美德。对于那些将成为士兵的个人,它是必需的;但对于其他人,他们越不敢冒险,越有利于他们自己和共和国。节俭也是一种王室的美德(虽然你可能认为这很奇怪)。因为它增加了公共储备,这一储备是为公众所用,所以再多都不为过。为

---

[1] 霍布斯在这里提出以庸常(mediocrity)来判断人们道德与否,可能与亚里士多德的伦理学有关。亚里士多德认为只有适中(mean)的行为才是美德:以"勇敢"为例,过之则为"鲁莽",不及则为"怯懦",只有适中才是"勇敢"。这与中国传统的"中庸"思想非常相近。一些学者将亚里士多德所说的"适中"理解为"庸常",但是大部分学者不同意这样的看法,亚里士多德自己也曾强调美德是达到某种极致的状态。

了照顾其他人的利益,任何人对自己受托保管的东西再怎么节省也不过分。慷慨也是一种王室的美德。因为没有大臣们超凡的勤奋和服务以及他们对君主的极大忠诚,共和国就不能良好地运转;所以他们应该受到鼓励,尤其是对那些在战争中服役的人。总之,所有的行为和习惯因为它们与共和国相关的原因和用途而被判定为善的或恶的,并非由于它们的庸常,也并非由于它们被褒奖。因为,对某些人来说是道德的并予以称赞的某些习俗,却会受到其他人的指责;相反地,一类人称作邪恶的,另一类人却当作美德,这取决于他们当时的喜好。

B:我想在这些美德中您必定加入了宗教信仰,在我看来,这是最大的美德。

A:是的,我已经加入了宗教信仰,虽然你好像没有看到。但我们是不是跑题了?

B:我想您根本没有跑题。据我猜想,您的目的是让我熟悉历史,不会过多涉及过往动乱中的事件,而是侧重于它们的原因,以及导致这些事件发生的商讨和诡计。好几个人都写过这段历史,从他们以及他们的作品那里,我可能已经知道人们所做过的事以及他们的某些计谋了,但我几乎没有从中发现我想要询问的。所以,既然您乐于在我的请求下开始讲述,那就请用我自己的方式来告诉我。至于由此可能产生的混淆的危险,我将小心地将您引到我开始跟随您的地方,因为我清楚地记得那是在哪里。

A:那好,关于你所说的宗教的问题,正像我对你说的,所有的美德都包括在对共和国法律的服从之中,宗教信仰是其中之一，我已经将宗教信仰置于这些美德之中了。

　　B：那宗教是共和国的法律吗？

　　A：在世界上没有哪个国家的宗教不是建立在法律的基础上，并从该国的法律获得其权威的。确实，上帝的法律并不是从人的法律中得到印证的。但是，因为人们无法通过他们自己的智慧而知道上帝曾说过什么，以及上帝曾命令人们要遵循什么，也不能被强迫遵守他们不知其作者的法律，所以他们将默认这个或那个人的权威。于是，问题就出现了：一个人在宗教事务上（也就是在对上帝和国王的义务的有关问题上），应该信赖他的同伴或陌生人的说教，还是听从法律的声音？

　　B：这个问题不太难回答。因为，除非能得到拥有主权权力的他或他们的授权，没有任何人可以在此地或任何别的地方布道，或者至少应该没有人能布道；所以，如果国王许可的话，你我也可以像他们那样合法地布道。而且我相信，与他们以布道鼓动反叛相比，我们会将这一职责履行得更好。

　　A：我在这里所说的，是关于美德与罪恶的学说，教会的道德在许多方面与此非常不同，而且，教会的道德与亚里士多德的学说也没有任何一致性。因为，在罗马教会，最首要的美德是服从他们的教规，即使是叛国的教规，这就是信仰；要施惠于教士，这就是他们说的虔诚和慷慨；要相信他们的话，尽管人们从良心上就知道那是错的，这就是他们要求的信德。我可以说出教会的道德中更多这样的观点，但我知道你已经知道它们了。这些观点由他们的经院神学家以优美的韵文所写，与罗马教士的教规保持一致。经院神学家通过它们衡量所有行为的善良和邪恶。

B：但英格兰新教教士的道德哲学是什么呢？

A：从他们的生活和谈话中所体现出来的，绝大部分非常好，是非常好的榜样，比他们的著作要好很多。

B：情况通常是这样：人们因害怕而诚实地生活，而他们如果拥有了权力，就会根据自己的意见生活。也就是说，如果他们的意见是不正确的，他们就不公正地生活。

A：英格兰的教士是否像教皇或是长老派那样，伪称从上帝那里直接获得在宗教和习俗的所有方面控制国王和他的臣民的权利？如果是这样，你不用怀疑，如果他们有了人手和实力（他们似乎从未拥有过），他们将试图得到那一权力[1]，就像其他人所做的那样。

B：我将乐于见到这样一种当今的道德思想体系，它的作者是某位声誉较好又极富学识的神学家，而且出自已故国王的党派。

A：我想我可以向你推荐现存最好的一本，这一本（除了部分段落我不喜欢以外）非常值得你读。它的标题是《以普通而熟悉的方式规定的人的所有义务》[2]。而且，我敢说，如果以此标准来考察长老派的牧师们，甚至是那些在最近的叛乱中最积极的传道士，这些人几乎都会被裁定为无罪。此书将人的义务分成三个大的分支：人对上帝的义务，对自己的义务，以及对邻人的义务。在人对上帝的义务中，人从上帝的本质、上帝的特征以及相信上帝的话

---

[1] 此处指上述控制国王及臣民的权力。
[2] 即前文之《人的所有义务》，以下简称《义务》。

中认识上帝。上帝的特征是全能、全知、无限、正义、真理、怜悯,以及在《圣经》中所列出的所有其他美德。这些美德,难道不是那些煽动叛乱的传道士能与最好的基督徒同等承认的吗?上帝的话就是《圣经》,在英格兰被当作正典接受。

B:他们听到上帝的话,但是,是根据他们自己的理解。

A:根据他们的解释,除了他们自己以外,上帝的话是否也被主教们以及其余的保王党所听到?他〔《义务》一书的作者〕提出另一种义务,这就是对上帝意志的遵守和顺从。他们〔长老派〕中的任何人,不,或者说任何活着的人,在任何时间,做了任何违反上帝的意志的事情吗?

B:我猜想,以他的意思,所谓上帝的意志就是上帝所显露出来的意志,即上帝的命令。我敢肯定,他们通过布道和其他方式严重违反了上帝的命令。

A:至于他们〔长老派〕自己的行为,毫无疑问所有人都是有罪的。如果上帝严肃地处置他们,他们都该下地狱。关于他们的布道,他们会说,他们认为这与上帝在《圣经》中显露出来的意志是一致的。如果他们是这样认为的话,那不是不服从,而是错误。又有谁能够证明他们想的是另外一回事呢?

B:伪善比起其他的罪恶有更大的特权,因为它不会被指责。 *224*

A:上帝所定下的另一个义务是,在他的家中(也就是教堂),在他的领地,在礼拜日,用他的话和圣礼荣耀上帝。

B:我想他们同样也尽这一义务,就像其他牧师(我说的是保王党)一样。长老派总是同样注重让上帝的家免遭亵渎;按时收缴什一税，接受贡品；让安息日保持圣洁，在布道中传播上帝的话，按时执行主的晚餐和洗礼。但遵循节日和斋戒日是不是也属于荣耀上帝的义务呢？如果是的话，长老派就没能做到这一点。

A：为什么这么说？他们保留了一些节日，而他们有自己的斋戒日，但不是在教会规定的同一天，而是在他们认为合适的时候，比如在上帝乐于给国王一些显著胜利的时候。[1] 在这一点上他们以《圣经》为根据，而《圣经》是他们声称相信的。又有谁能够证明他们不相信呢？

B：让我们略过其他所有的义务，回到我们对国王应尽的义务上，并考虑那些拥护国王的神学家所教授的教义，能否在这一点上为那些煽动人民叛乱的长老派做些辩护。因为那是您所质疑的。

A：关于我们对统治者的义务，他说了这样的话："我们必须服从，或者主动地，或者被动地。主动地，体现在所有合法的命令中。那就是，无论何时只要行政官的命令不与上帝的命令相违背，那我们就必须根据行政官的命令行动，去做他所要求的事情。但当他命令任何与上帝的命令相反的事情时，我们就不该主动服从他。我们可以，或者说我们必须拒绝去做（但是，我们必须非常确定，此事确实与上帝的命令相违背，不要为了掩饰倔强而假装有良心）。在此情况下，我们就要服从上帝而不是人。但即使这样，这也是一种被动的服从。为了我们自己的安全，我们必须耐心地忍受他因这一拒绝而加给我们的痛苦，而不是起来反对他。"

---

[1] 霍布斯的意思是，长老派通常在议会派军队失利时进行斋戒和祈祷，因为他们认为是上帝的愤怒导致了议会派的失利。

B：这其中有对最近反叛的粉饰吗？

A：他们会说他们这样做是为了服从上帝，就像他们确实相信这在《圣经》中有依据。他们从其中找出的例子也许是，大卫（David）和他的支持者反抗扫罗王（King Saul）。可能的例子还有后来的先知，他们时不时地强烈抨击崇拜偶像的以色列王国和犹大王国的王。扫罗王是他们的合法国王，但他们对他既没有主动地服从，也没有被动地服从。这是因为他们确实将自己置于反对扫罗王的立场，尽管大卫亲自宽恕了他。正如长老派所做的，他们委托他们的将军饶恕国王的性命。此外，你还可以断定，那些在教堂讲坛中激励人们拿起武器保卫当时议会的人，声称《圣经》(也就是上帝的话）支持他们这样做。如果当国王的命令与《圣经》(也就是与上帝的命令）相反时，臣民抵抗国王是合法的，并且人民可以充当《圣经》含义的裁判，那么任何国王的生命以及任何基督教王国的和平都不可能长久安稳。正是这一教义将王国分裂了，不论什么人，不论保王党还是反叛者，都会通过公开地写作和布道来鼓吹这一教义。你看，如果以这一教义来审查那些煽动叛乱的牧师，他们将被证明无罪。

B：我明白了。我想知道，当法律和传道士说的相矛盾的时候，那些从未和全能的上帝说过话的人，也并不比其他人更知道上帝说过什么的人，怎么会如此热诚地听从牧师（他们大部分是一些无知但巧舌如簧的学者），而不是遵循国王在经本国上院和下院一致同意下所制定的法律。

A：让我们进一步考察他〔《义务》一书的作者〕的话。首先，

226

关于被动的服从。当一个小偷违反了法律，并依法应被处决时，谁能理解他的受刑是服从于法律呢？每一项法律都是一个"做什么"或者"忍受什么"的命令：两者都不能由受苦来完成。如果受苦可以被称作服从的话，那必须是自愿的，因为没有任何非自愿的行为可以算得上是对法律的服从。他的意思是他的受难只有在如下条件下才能被看作是服从，不仅仅是不反抗，而且还是不逃跑，也不将自己藏起来逃避惩罚。而对于这样来论述被动的服从的人，当其生命处于极度危险之中时，谁会自愿地将自己交给司法官员？难道我们没有看到所有的人被押赴刑场的时候都是被捆绑和看守着，如果可能的话，他们一定会挣脱捆绑逃跑吗？而这就是他们的被动服从。耶稣说："文士和法利赛人，坐在摩西的位上。凡他们所吩咐你们的，你们都要谨守，遵行。"（《新约·马太福音》第23章第2、3节）[1] 这是在实行主动的服从。然而文士和法利赛人并不像《圣经》中所说的那么神圣，并非从未命令过任何与上帝显露的意志相反的事情。

B：是否对于暴君也应该事事主动服从？或者说，一个合法国王的所有命令都该被服从？如果在我父亲被法律判处死刑的情况下，他命令我用自己的双手去杀死我的父亲，那该怎么办？

A：没有必要考虑这一情况。我们从未读到也从未听说过有哪个国王或暴君这样没有人性，发出这种命令。如果有谁这么做的话，我们要考虑那一命令是否是他的一项法律。因为我们说的

---

[1] "文士和法利赛人"，是一些对犹太祖先的著述非常精通的人，他们以摩西的律法为主，外加历代祖先所订的条例，教训犹太人遵行。

不服从国王的意思是不服从他的法律,也就是那些在其被应用于任何具体的人之前所制定的法律。对于国王,虽然就像一个孩子的父亲,家里佣人的主人一样[1],但他通常只根据先例法向人们发号施令,并且是作为一个政治人,而不是一个自然人。如果你所说的命令被写进了一般法(这从未发生过,今后也绝不会发生),那你就必须服从它,除非你在法律颁布之后以及你父亲被定罪之前离开这个国家。

B:您提到的作者进一步说,当我们拒绝主动地服从发出与上帝的法律相反的命令的国王时,必须非常肯定国王的命令与上帝的法律是相矛盾的。我很想知道,如何才能确定这一点。

A:我想你不会相信,任何拒绝服从者能直接从上帝的口中听到与国王(上帝的代理人)的命令相反的命令,他们只能是通过《圣经》,并不能通过任何其他与你我不同的方式。因为人们在很大程度上按照自己的意思来理解《圣经》,而不是根据《圣经》的真实含义,所以没有其他方式能在所有事情上确定地知道上帝命令或者禁止我们做的事情。在与良心相关的特定问题上,只能由受国王任命来确定《圣经》含义的他或他们做出宣判。所有基督教国家的人们都清楚,这些被任命者,不论他们是主教、牧师,还是牧师大会,都将教会置于握有主权权力的他或他们的统治之下。

B:从您现在说的情况可能产生一些疑问。因为,如果人们是通过其他人对《圣经》意义的解读而不是通过自己的理解认识他

---

1 在克拉伦登出版社2010年版中,此处多了"发号施令约束他的孩子和仆人"。

们的义务的话,我就不理解它是为了什么目的而被翻译成英文的,而且每个人不仅被允许阅读,还被规劝去阅读。由此产生的,只能是各种各样的观念,而且就像人的本性一样,导致争吵、违背仁慈、不服从,以及最后的反叛。再则,既然《圣经》被允许以英语阅读,为什么这样的翻译不能使得所有读它的人(甚至是领悟能力低下的人)理解其全部内容呢?难道犹太人(那些有阅读能力的)不能像我们读懂用英语写成的成文法一样,理解他们用犹太语写成的法律吗?至于《圣经》中与法律性质无关的章节,不论它们是否被理解,都与犹太人的义务无关,因为除了违反某些法律而外,没有什么是该受处罚的。关于《新约》我可能会问同样的问题。因为,我相信对于人们来说母语是自然而然的,他们能够很好地理解我们的救世主、他的使徒以及他的直接门徒所给出的命令和建议。再则,您会怎样回答由圣彼得和圣约翰所提出的问题,当时大祭司亚那(Annas)和耶路撒冷犹太公会的其他成员禁止他们二人以耶稣的名义传教:"听从你们,不听从神,在神面前合理不合理?"(《新约·使徒行传》第4章第19节)

A:情况是不一样的。彼得和约翰看见过我们的救世主并每日和他交谈,通过他创造的奇迹,确知他就是上帝,所以他们明确地知道自己当时对大祭司命令的不服从是正当的。而现在有哪个牧师能说,他从上帝本人的口中直接听到不服从国王的命令,或者不通过《圣经》而以其他方式知道,国王的任何具有法律性质和形式的命令,与上帝的法律相违背?在许多地方,上帝的法律直接而明确地命令人们在所有事情上服从他。你所引用的文字没有告诉我们，应该由牧师的权威来决定从对《圣经》的不同解读中生发出来的问题，而不是由基督教国王的权威来决定。所以，在国王就是教会首脑的地方，国王就充当了对《圣经》的所有解释的准确性的首要裁判（暂且不说《圣经》本身不是从上帝那里获得的权威，而是借助了国王和国家的权威），服从国王的法律和公共法令，不是违背而是服从上帝。牧师不应该认为他在拉丁语、希腊语或者希伯来语上的技巧（如果他有的话），给予了他在《圣经》的每一处意思含混的地方将自己的意思（或者他所声称的自己的意思）强加于他的所有听众的特权。他也不应该，一想出一些其他人没有想到过的对《圣经》的绝妙阐释，就认为他是通过灵感而知道的。因为他不能肯定这一点，他也不能肯定，他对《圣经》的解释是否真如自己想的那样确定无误。于是，他对国王及其法律的所有固执己见和不服从不是别的，不过是内心的骄傲和野心，或者是欺诈。尽管你认为将《圣经》翻译成英文没有必要，或者是有害的，我却有不同的看法。《圣经》中有这么多教授真信念和优良道德的地方（这些对于得救来说十分必要），很容易令人理解，任何引诱者都无法强占任何一个普通读者的心灵。阅读它是如此有益，如果不对读者和共和国产生巨大危害的话就不该被禁止。

B：我承认，人为了获得救赎而要在信仰和礼仪上遵守的一切，在《圣经》中以最为平实的语言写出来了。"你们作儿女的，要凡事听从父母"；"你们作仆人的，要凡事听从你们的主人"；"在上有权柄的，人人要顺服，不论他是国王还是国王所派"；"你要尽

230

231 性爱神，又要爱邻如己"：这些是《圣经》里的话，都非常好理解，但儿童和绝大多数的成年人并不理解为什么这样做是他们的义务。他们没有看到，共和国的安全，以及他们自己的安全，都倚赖于他们这样去做。在不受约束的情况下，每个人出于本性，其所有行为只关注（在他所能看到的范围内）他的服从能给他带来多少利益。他读到贪婪是所有罪恶的根源，但他认为（有时还发现），那也是他的个人财产的根源。于是，在另一些情况下，《圣经》说的是一回事，而他们想的却是另一回事。他们仅仅掂量这对现世生活有用还是没用，这是他们的视野所及，却从不考虑来世生活的善恶，那是他们看不到的。

A：在《圣经》被封存在希腊语和拉丁语之中的地方，传道士教授人们同样的东西，以上所有这些问题都不会产生。但那些有条件并处于适宜的年龄去考察他们所读到的意思、乐于探询他们义务的基础的人们，除了通过对《圣经》的阅读发展出对自己义务的理解外别无选择。而且，他们不仅自己遵循法律，还劝导其他人也这样做。因为通常年长并有一定素质的人，会受到他们那些卑微的邻人的追随；后者更多地将自己敬重和不愿冒犯的人视为榜样，而不是看重戒条和法律。

B：您所说的具备这样的条件和年龄的人，在我看来，让其
232 他人信任他们对《圣经》的解读是最不适合的。我知道您的意思是，这些人学习过希腊语或拉丁语（或者二者皆学过），又如此地热爱知识，乐于在最艰深的文字中找寻其含义，或是自认为发掘出了其他人都没发现的新含义。出于这些原因，他们忽略教导人们义

务的易懂章节，而仅仅着眼于宗教的神秘。比如说：如何用理智理解，天堂中掌权者有三，以及三者如何成为一体？[1] 神如何具有肉身？而这一肉身又如何同时出现在多个地方？地狱在什么地方，地狱中有哪些痛苦？以及其他的形而上学问题：人的意志是自由的，还是受上帝意志的支配？圣洁是来源于灵感，还是来源于教育？基督现在通过谁和我们说话，是通过国王，还是通过教士，是通过《圣经》和所有阅读它并自己理解它的人说话，还是通过每个人的灵魂与每个人说话？这些以及类似的观点是对古怪问题的研究，是我们近来遭受的所有伤害的原因，也是造成人们抱怨的原因。《圣经》教会了人们对基督的信念、对上帝的爱、对国王的服从，以及清醒的行为。人们忘记了所有这些，就将把他们的宗教置于您所谓这些智者的争议学说之中。

A：我认为这些人不适合向其他人解释《圣经》，我也没有说其他人应该将他们的解释当作上帝的话。他们必须知道的事如此简单，不用任何阐释，任何多余的解释对他们都没有好处。但在那些不必要的学说得到了国王的法律或者其他国家的法律赋予的权威的情况下，我认为不发表意见反对它们是每一个臣民的义务，就像服从拥有主权权力的他或者他们是每个人的义务一样。而这些权力的所有智慧都被用于惩罚那些出版或教授与法律相反的对《圣经》的个人解释的人。这些解释可能会诱导人们发动叛乱或反对法律。

---

[1] 在基督教中，把圣父、圣子、圣灵称为三位一体，也就是三个位格、一个本体。

B：于是他们必须惩罚当时在大学中萌芽的绝大多数思想。因为这些古怪的神学问题首先是从大学中生发出来的，还有关于公民权利和教政体制的所有政治问题。这些问题延伸为对自由的论证，援引亚里士多德、柏拉图、西塞罗、塞涅卡（Seneca）的著作，以及古罗马和古希腊的历史，为他们反对君主强制权力的争论提供了论据。因此，我对我们之间能维持长久和平感到绝望，除非这里的大学有所转变，把研究专注于解决和平问题，即教导人们绝对服从国王的法律，绝对服从盖有英格兰国玺的公共法令。因为，我毫不怀疑，以如此之多学识渊博者的权威为后盾，坚实的理性更能在我们之中维持和平，它将胜过对反叛者的任何胜利。恐怕让大学顺从国家的行动是不可能的，但为了和平，必须如此。

A：由于大学在此之前已经时不时地维护教皇的权威，反对我们国王的权利，违背了所有神圣的、世俗的以及自然的法律，那么，当它们代表着各式各样的法律和公道之时，它们为什么不能同样维护国王的权利，他既是王国的君主，又是教会的首脑？

B：那在亨利八世国王在议会中被宣布为教会的首脑之后，它们为何不在所有方面都支持国王的权力，就像它们以前支持教皇的权威那样？

A：因为在大学里教士统治所有的事情，而教士离开了大学，就像主教离开了低阶教士。他们认为在英格兰，也就是在自己的地盘上，打倒了教皇就确立了自己的地位。他们之中绝大部分人无疑认为，他们的精神权力不是依赖于国王的权威，而是得自于基督的权威,又通过主教们的按手礼而相继传给他们,尽管他们知道这一传递经过了他们摒弃其权威的教皇和主教们。他们虽然乐于否定教皇声称在英格兰具有的神圣权利,但他们认为夺走英格兰教会的这一权利并不太合适。现在,他们认为自己代表了英格兰教会。他们似乎认为以下是不合理的:一个妇女、孩子或男人不能理解希伯来文、希腊文或拉丁文《圣经》,或许也不知道希腊文或拉丁文名词和动词的变格或动词的变化形式,却可以在宗教事务(也就是神圣的事务:因为宗教已经存在很长时间了,而且现在绝大多数人将其与神圣看作同一种东西,这使得教士最为受益)上统治这么多学识渊博的博士。

B:尤其是现在,在长老派中。因为我看几乎没有人被他们看作很好的基督徒,除了那些能够复述他们的布道,并为他们对《圣经》的解释辩驳的人,还有那些能应要求以自己的身体或钱包为他们而战的人。信仰基督对于他们来说什么都不是,除非是你信从他们告诉你的。慈善对于他们来说也什么都不是,除非是对他们施舍和慷慨,并且加入他们的派别。当这是我们的宗教时,我们怎能获得和平呢,我没法作答。"命运之箭在她之侧。"[1]长老派煽动性的学说如此深刻地嵌入人们的头脑和记忆中,(我不能说嵌入他们的心灵,因为除了可以合法地反叛而外,他们对此学说毫不理解,)以致我害怕共和国将永远无法得到治愈了。

---

[1] 原文为 "*Haeret lateri lethalis arundo*"。此诗句出自古罗马诗人维吉尔(Virgil)的 12 卷拉丁文史诗《埃涅阿斯纪》(*Aeneid*)第 4 卷第 73 行,描述史诗中的女主角狄多像一只中箭的鹿。

A：亨利七世和亨利八世各自拥有一种重要的美德，如果两者结合在一个国王身上，那将很容易治愈这个国家。亨利七世的美德是能够装满自己的保险柜而不引起人民过多的抱怨，亨利八世的美德是其统治前期的严厉。但如果没有前者，后面这一美德也无法得到践行。

B：在我看来，您所说的似乎是建议国王先别管他们，直到他筹够能招募和维持一支强大军队的钱，再转而向他们发起进攻并消灭他们。

A：上帝不会让如此可怕、冷酷和非人性的计划进入到国王的心中。我希望他能够有足够的钱来组建一支军队以镇压任何叛乱，不给他的敌人留下任何胜利的希望，这样的话他们可能就不敢在改革大学的事情上找他的麻烦了，但不要处死任何没有触犯法律规定的死罪的人。正像你从这里看到的，以及从其他叛乱中所读到的，叛乱的核心正是大学。尽管大学不会被废弃，但应该严肃其纪律，也就是说，那里所教授的政治学，是真正的政治学应该是的样子。要让人们知道，他们的义务就是服从所有以国王的权威颁布的法律，直至它们以同样的权威被撤销。要让人们理解，民约法就是上帝之法，那些制定法律的人是受上帝的任命来制定这些法律。并让人们知道，人民和教会是一回事，两者只有同一个领袖，这就是国王。在他之下，任何没有获得他授权的人都没有资格进行统治。国王的王权来自上帝，并非出自教会或世俗的任何其他人。他们所教授的宗教信仰是安静地等待我们神圣的救世主再一次到来，而在此期间要坚定地服从国王的法律，这也是上帝的法律。不伤害任何人，宽厚对待所有人，爱护穷人和病人，清醒地活着，并且远离丑闻。不要在我们的宗教中混入自由意志、无形本质（incorporeal substance）、永恒的现在（everlasting nows）、普遍存在（ubiquities）、本质（hypostases）等这些人们理解不了也永远不会关心的自然哲学的观点。当大学被如此整肃纪律后，时不时就会产生一些原则性强的传道士，而那些现在原则性较差的传道士，也将逐渐消失。

B：我认为这是一个非常好的过程，而且可能是能在我们之间维持长久和平的唯一途径。因为人们如果不知道他们的义务，还有什么能够迫使他们服从法律呢？一支军队，您会说。但是，什么又能迫使军队服从法律呢？受过训练的一帮人就是军队了？奥斯曼（Osman）[1]不是才在不久前于君士坦丁堡自己的王宫中被禁卫军杀害了吗？我赞成您的两个观点：一是，通过那些青年时期在大学吸取了良好原则的传道士和乡绅，人们能够培养起对服从的热爱。二是，除非大学自身经历您所说的改革，否则，我们将永远无法拥有持久的和平。而且，要让牧师们知道，除了国家的最高权力所赋予的而外，他们没有其他权威；要让贵族和乡绅知道，国家中的自由并非让他们在本国的法律（不论此法是立法机构还是君主制定的）中获得豁免，而是要使他们免遭邻居的强制和无礼行为。

现在我对于这一点很满意，我将把您带回到我的好奇引发您

---

[1] 此处指奥斯曼二世，他于1618—1622年在位。

如此长篇大论的地方。我们在讨论船税的问题：这是议会向专治而武断的政府所控诉的不满之一。像您所说的，这使得国王脱离了他的臣民，并迫使他们在必要的时候建立党派来反对他。如果您高兴的话，现在您可以继续讲述他们为了同一目的而使用的其他诡计。

A：我认为最好在这里结束我们对此事的谈论，将其推迟到你认为合适的某一天。

B：好的，我相信那一天不会太远。

第二部分

BEHEMOTH
PART 2

A：你不用客气；但如果你想停留久一点的话，我会为你回忆起更多的内容。

B：不，我祈求您现在就告诉我您准备好的部分；至于剩下的，您可以在乐意的时候告诉我。

A：议会先是使人们相信征收船税是不合法的，人们随后便倾向于认为这是专制的。接下来，为了加深人们对陛下的厌恶，议会指责陛下有意在本国推行罗马的宗教并赋予其权威：这比任何事都更让人痛恨，不是因为它是错误的（他们没有足够的学识和判断力来考察这一点），而是因为他们常常在其所信任的传道士的布道和演说中听到对它〔罗马宗教〕的猛烈抨击。这确实是最奏效的污蔑，离间了人民可能产生的对国王的爱戴。对这一污蔑的渲染是这样开始的，首先，在比那稍微早一些的时代，有一个名叫罗塞蒂（Rosetti）的人，被教皇派驻王后左右；后来，枢机主教弗朗切斯科·巴尔贝里尼〔Francisco Barberini，教皇乌尔班八世（Pope Urban VIII）的侄子〕的秘书乔治·康恩先生（Mr. George Con），受派遣而来，在王后的帮助和保护下，尽可能地唆使宫廷中的上流人士接受罗马教会（就像人们猜想的那样）[1]：这是否成功，我不敢妄下结论。但他可能赢得了一些支持者，尤其是那些柔弱的女性。如果要我说，她们会被他说服，不是由于他的论辩，而是希望借此博得王后的好感。

B：在那样的情形下，也许他没有被派出来反倒更好。

A：同样遭受异议的，还有萨默塞特宫（Somerset-House）内一家天主教嘉布遣会[2]的女修道院，尽管这家修道院是依照〔查理一世与王后的〕婚约条款获允修建的。据记载，此后不久耶稣会的一家修道院也获允在克勒肯维尔（Clerkenwell）建立。在此期间，首席大臣弗朗西斯·温德班克爵士（Sir Francis Windebank）因为批准释放一些英格兰耶稣会士而受到指控。这些人因被放逐之后又回到英格兰而被投进监狱，温德班克爵士的做法违反了应将他们判处死刑的成文法。再则，英格兰的天主教徒常常去王后的小教堂，还得到王后的偏袒，这都给了他们谴责王后的口实。不过即使这样，他们中的一些人并没有坚持公开说国王受到她的控制。

B：真是奇怪，不讲道理！王后是一个立誓信教的天主教徒，因此，不会不尽力为天主教徒提供一切帮助：她真的就只是她发愿成为的那种人而已。但他们似乎想要强迫她虚伪，其实他们自

---

1 据克拉伦登出版社2010年版第185页注2的考证，霍布斯的记述有误。卡洛·罗塞蒂（Carlo Rossetti，1614—1681），是意大利的枢机主教，曾代表教皇乌尔班八世出使伦敦。霍布斯在这里将乔治·康恩（George Conn，？—1640）和卡洛·罗塞蒂的事迹混淆了。乔治·康恩于1636—1639年受乌尔班八世派遣出使伦敦，卡洛·罗塞蒂于1639—1641年受乌尔班八世派遣出使伦敦。

2 嘉布遣会，是罗马天主教托钵修会方济各修会的三个独立分支之一。"嘉布遣"（capuchin）这一名称是指托钵修士所戴的尖顶风帽。

己才是伪君子。有谁会认为,寻求其所属教会的恩宠和祝福对于一位虔诚的女士(不论她属于何种派别)来说是一种罪过呢?

A:正如推行教皇主义给了议会一个指控国王的理由,主教派和长老派教士之间在自由意志的问题上也存在很大的分歧。争吵首先出现在低地国家,詹姆斯国王时代这一争论在戈马尔和阿米尼乌斯[1]之间发生。詹姆斯国王预见到这一争论可能给英格兰教会带来麻烦,他尽其所能来调和不同的意见。于是,神学家们在多德雷赫特(Dort[2])召开大会,詹姆斯国王也派去了一两位神学家,但这次会议没有取得任何成果。问题没有得到解决,继而变成大学里争论的一个主题。所有的长老派和戈马尔的想法一致,但其他许多人却不是那样。那些人被称作阿米尼乌斯派(Arminians),他们普遍遭人痛恨;因为自由意志已经被当作罗马天主教的学说推翻,而且长老派的人数要多很多,又已经博得人民的好感。所以,当前不久支持阿米尼乌斯的坎特伯雷大主教,也就是劳德博士(Dr. Laud),凭借他在教会的权力,禁止所有牧师向那些相信预定论(predestination)的人们布道的时候,当所有对他彬彬有礼并且希望能在教会中有所晋升的牧师们,都在着手尽他们最大的努力为自由意志布道和著述(以作为他们能力和优点的体现)的时候,议会很容易让诽谤言论在人民之中广为流布。此外,他们中的一些人散布谣言说,大主教从内心来说是一个天主教徒;如果他能够争取

---

[1] 戈马尔(Gomar, 1563—1641),是荷兰神学家,严格的加尔文信徒。其神学思想主张绝对的预定论,极力反对阿米尼乌斯派。阿米尼乌斯(Arminius, 1560—1609),是荷兰新教神学家,他坚决反对加尔文的预定论,是欧洲宗教改革时期阿米尼乌斯派的领袖。

[2] Dort 是 Dordrecht 的缩略语。

到这里的人们对罗马宗教的容纳，他将拥有一顶枢机主教的帽子：以上说法不仅仅是假的，而且是全凭想象的无稽之谈。

B：那些微不足道的学者们[1]，只能作为国家权力的延伸而获得其重要性，人们却必须忍受他们将不必要的争论和争吵从大学带到共和国之中，这是一件奇怪的事情。更奇怪的是，国家还要从属于一派，而不是让双方保持沉默。

A：一个国家可以强迫人们服从，但是不能使人们相信错误，也不能改变那些相信自己有较好理由的人的想法。压制学说只会激怒受压制者并迫使他们联合起来，这样就助长了原本相信这些学说之人的敌意和实力。

B：但他们的分歧是什么呢？主教派和长老派之间是否在有关基督的神性或人性问题上存在争论？他们中有谁否定三位一体或者任何信条吗？有任何一方公开布道或者直接著述反对正义、仁慈、节制，或是除了对国王的义务而外，任何其他对于拯救来说是必要的义务吗？或许当他们有心要控制或者毁灭国王的时候，甚至连对国王的义务也反对？主怜悯我们！难道任何不能理解他们之间争论的人都无法得救吗？或者为了得到拯救，一个人需要比另一个人更加虔诚或更加诚实吗？怎么需要这么多对信仰的布道，我们又不是异教徒，而且已经相信耶稣和他的使徒们所告诉我们的一切都是得救所必需的，还有什么更多的吗？为什么关于正义（justice）的布道这么少？我的确经常听到人们被劝告要正直

---

[1] 在克拉伦登出版社 2010 年版中，此处多了"如其所是（as such）"几个字。

（righteousness），但是在他们的布道中我很少听到正义这个词。尽管在拉丁语和希腊语的《圣经》中，正义这个词频繁地出现，然而在英语中，虽然正义一词每个人都能理解，但被正直一词（很少有人认为它与正义表达同一意思，而是将其看作意见的正确，并不用于修饰行动或者意图）所取代。

A：我承认我对于基督教徒之间关于获救的必要条件的争论知之甚少。这些问题涉及教会的权威和权力，或是利益，又或是教士所尊崇的东西，而最后一点是引起争端的最主要原因。因为，什么样的人会为了拯救包括我在内的其他任何人的灵魂，而费劲与自己的邻居闹翻？当长老派的牧师和其他一些人如此猛烈地煽动叛乱，并在前不久的战争中鼓动人们造反时，哪些不享有有俸圣职的人，或是不怕在政府更迭中丢掉有俸圣职或其他既得利益的人，会自愿不计回报地布道，以对抗煽动叛乱的言论，就像另一方煽动叛乱一般热诚？我承认，以我对历史和其他异教徒的希腊文与拉丁文著作的观察来看，在美德和道德义务方面，那些异教徒并不逊于我们，尽管我们有大量的布道，而他们根本没有。我也承认，考虑到人们所拥有的以下一项自由可能引发的危害——在每一个礼拜日或者更经常地在同一时间，人们对着一个民族的所有人高谈阔论，而这个国家却对他们将要说的内容一无所知。而且在这个世界上除了基督教国家之外，任何国家都不会允许这样的事存在，也就不会发生涉及宗教的内战——我曾认为太多的布道是一种麻烦。然而，我认为，向人们传播他们对上帝和人类的义务是不嫌多的；这样的事应该由沉稳持重、受人尊敬的老年人去做，而不是交给轻浮、吹毛求疵的年轻人。教堂会众不会如此轻易地接受这帮年轻人的说教（这种事违背自然），给予他们任何尊重，或者关心他们在说些什么，除了极少数人可能喜欢他们的叽叽咕咕。我衷心希望，有足够多这样谨慎而年老的人，可以分配到整个英格兰所有的教区，而且他们愿意承担这项职责。但这仅仅是一个愿望，我寄希望于国家的智慧来完成它想做的事情。

B：他们接下来做了什么呢？

A：有三名罪犯[1]因在著述或公开布道中散布煽动叛乱的学说而被判刑。尽管国王已经将这些罪犯送到远离伦敦的地方，议会设法释放了他们，并让他们回到伦敦（这是否得到陛下的同意，我记不清了）。我认为议会这样做是想要试探人们是否满意此事，并借此看看他们从国王那里夺得人民爱戴的努力是否已经初见成效。当这三个人以胜利者的姿态穿过伦敦街头时，人们成群结队地涌过来观看，并以近乎崇拜的喝彩迎接他们，仿佛他们是从天堂降临人间[2]。由此议会确信他们已掌控了一个庞大狂暴的群体，在必要情况下随时能对其加以利用。他们信心十足地进行下一个密谋，那就是铲除国王身边那些他们认为最有可能凭借其智慧、勇气和权威来阻挠或抵制他们反对国王的进一步计划的大臣们。首先，下议院决定控告爱尔兰总督（Lord lieutenant of Ireland）斯特拉福德伯爵（Earl of Strafford）重叛逆罪（high treason）。

---

1 即后文提到的普林（Prynne）、伯顿（Burton）和巴斯特威克（Bastwick）。
2 据克拉伦登出版社2010年版第190页注10的考证，三人并非同一天进入伦敦。1640年11月7日，三人被释放。1640年11月28日，普林和伯顿进入伦敦。1640年12月4日，巴斯特威克进入伦敦。

B：斯特拉福德伯爵此前担任过什么职务？他怎么会得罪议会，或者说，他怎么会被议会视为敌人呢？因为我曾听说在以往的议会中，他和其他人一样是追随议会的。

A：他的名字是托马斯·温特沃思爵士（Sir Thomas Wentworth）。他是一位出生于约克郡的绅士，不仅在当地可谓家世良好，家境殷实，而且他对所在郡以及全国公共事务的判断，更是举足轻重。所以，他常以某自治市议员或者约克郡议员的身份入选议会。至于他的政治原则，则与其他所有被认为适合当选议员的人所广泛推行的政治原则一样。这些原则通常是：将往届议会的判决和法案当作法律和统治的原则，这些通常被称作先例；努力使人们免缴议会税以外的税收，并防止人们受到议会税的过分压制；保卫人民的人身自由不受议会以外的国王专断权力的侵犯；寻求对于不满的解决。

B：什么不满？

A：通常是以下这些不满：国王对于自己偏爱的人过分纵容，共和国的某个大臣或官员的权力过大，法官在世俗或宗教事务上的行为不端，尤其是所有未经议会批准而对臣民征缴的税收。近来，他们通常拒绝（至少会尽力阻挠）为国王提供共和国在最紧急的情况下所必需的款项，除非这些不满得到解决。

B：那么，国王怎么才能履行他应尽的义务，或者说臣民怎么知道自己要服从哪一个主人？因为这里明显有两个权力，当它们碰巧产生分歧的时候，不可能都被服从。

A：确实如此，但它们通常并不会产生如此大的分歧以致危及共和国，不过这在1640年的议会中发生了。在已故查理国王于1640年之前召开的所有议会中，斯特拉福德勋爵都像其他人一样表现出对国王所提要求的反对，因此人民尊他为爱国者，赞扬他是勇敢地站出来捍卫他们自由的人；也正是出于相同的原因，当后来他尽力维护陛下应有的尊贵权威时，他招致了更大程度的憎恨。

B：他怎么会如此大地改变自己的想法（像他所做的那样）呢？

A：在1627—1628年的议会解散之后，国王发现从议会那儿得不到钱（他不准备用他最喜爱的仆人和大臣的鲜血去交换），便长时间地搁置了新议会的召开。如果不是苏格兰的叛乱迫使他重开议会的话，他还要搁置更长时间。在那届议会召开期间，国王将因能力卓越而受到举荐的托马斯·温特沃思爵士封为男爵。由于他在往届议会中对国王的掣肘，他的受封引起了普遍的关注，但在接下来的境况中，这反而可能对国王有用：国王任命他为枢密院成员之后不久，又封其为爱尔兰总督。他尽职尽责，令陛下深感满意，也为陛下带来了巨大收益。他一直担任这一职位，直到在倒霉的1640年议会期间，因遭受上下议院的嫉妒和暴力而死去。那一年，他被任命为国王军的将军，以抗击当时已进入英格兰的苏格兰军队；在此前一年，他被封为斯特拉福德伯爵。[1] 当时双方

---

[1] 据克拉伦登出版社2010年版第193页注14和注15的考证，霍布斯此处的说法并不准确：1628年7月22日，托马斯·温特沃思获封男爵；1628年12月13日，获封子爵；1629年11月10日，任枢密院顾问官；1632年1月12日，任爱尔兰副总督；1640年1月12日，获封斯特拉福德伯爵；1640年8月3日，任国王军队的将军。

正在讲和,双方的军队也已被解散,议会正在威斯敏斯特开会。没多久,下议院就向上议院指控他犯有重叛逆罪。

B:他背叛国王的可能性并不大,他在国王的帮助下变得强大,并希望由国王确保自己的安全。他们控告他反叛,指的是什么呢?

A:他们列出许多条对他的指控,总结来说有两条:第一,他极力颠覆王国的根本法和政府,并代之以专断暴虐的非法政府;第二,他极力颠覆议会的权利,以及行之已久的议会议程。

B:他是在国王都不知情的情况下干这些事的吗?

A:不是。

B:如果是谋反的话,为什么国王不让自己的律师去质询他?没有国王的命令,下议院怎么可以向上议院控告他?如果国王先前不知道的话,下议院可能已经向他抱怨过了。我不理解这项法律。

A:我也不理解。

B:根据以前的成文法,这能定为叛国罪吗?

A:我从未听说过。我也不理解,国王知悉却不认为是反叛的事情,怎么就成了对国王的反叛。这只不过是议会的一个诡计,对付任何他们想取其性命的人,就在指控他的条款中加入"反叛"(*traiterously*)一词。

B:他们辩称他力图颠覆议会的根本法,并以此控告他,难道没有举出什么行动或言辞作为例证吗?

A:有。他们说他曾建议国王借爱尔兰军队(这支军队是不久前斯特拉福德勋爵设法在那里招募来为国王效力的）来迫使议会履行自己的义务。但是，始终没有证据能证明他建议国王用这支军队来对抗议会。

B：被称为根本法的这些法律是什么？我无法理解一条法律怎么能比另一条更根本，除了约束我们所有人服从他（不论他是谁，为了我们自己的安全，我们都承诺依法服从他）的自然法；对于国王来说再没有其他根本法了，只有人民的福利（*salus populi*），也就是他的人民的安全和幸福。

A：这届议会在措辞控告某人的时候，从来不考虑他们所用语词的含义，而只考虑他们必须向无知的大众大肆渲染他们对他的指控。如果人们恨那个被指控的人，就会认为所有这些用恶毒语言描述出来的过错十分可憎，就像他们恨这个人〔斯特拉福德〕，不仅因为他是国王一党的人，还因为他是背弃了议会的叛党者。

B：我还请求您告诉我，他们所说的专断政府是什么意思，他们似乎对此非常仇恨。世界上有哪一个民族的统治者是被迫进行统治的，或者被迫制定了这项或那项法律吗，不论他是否愿意？我想没有，或者即使有，胁迫他的那个人肯定制定了法律，并专断地进行统治。

A：确实如此。议会真正的意思是，不是国王而是他们自己应该拥有专断政府[1]，不仅仅包括英格兰，还包括爱尔兰，并如本事件中所反映的那样，也包括苏格兰。

---

[1] 在克拉伦登出版社2010年版中，此处为"绝对的专断政府"。

B：每个人都可以说出，国王是如何从他的祖先那里继承了对苏格兰和爱尔兰的统治的；但如果英格兰国王和他的继任者碰巧失败了（这是上帝所不允许的），我将无法想象英格兰议会将以何种资格得到那两个国家中的任何一个。

A：是的。他们会说它们〔苏格兰和爱尔兰〕在古代就已经被英格兰臣民的钱收买了。

B：很有可能，而且这与他们其他的无耻行为非常相符。

A：他们在民主会议中极尽厚颜无耻之能事，就像受到巧言女神的庇护那样，将情况形容得煞有介事。在如此胆大包天的宣称面前，哪个普通人能够不就此认定，他们言之凿凿的事有很大可能是真的？基于这些指控，他〔斯特拉福德伯爵〕被带到威斯敏斯特大厅，当着上议院的面受审，并被判有罪，紧接着被一项剥夺财产和公民权的议案（bill of attainder），也就是议会法案，宣判为叛国者。[1]

B：上议院会基于如此单薄的理由，做出这样一项判决，或者说赞同这样一项如此不利于他们自身以及后代的议案，这非常奇怪。

A：然而，他们似乎并非没有意识到这件事情没有做好；因为在这一议案中有一项条款说，这不应该被当作此后类似情况的范例（也就是成见），类似的情况要区别对待。

B：这句话比议案自身还糟，它清晰地表明了他们的判决是

---

[1] 据克拉伦登出版社 2010 年版第 196 页注 20 的考证，霍布斯此处说法不准确，事实是：议会对斯特拉福德的指控失败后，才设法通过了剥夺财产和公民权法案。

非正义的。因为将一个正义的判决当作范例会带来什么危害，而且，如果此后又有类似的情况发生，判决不会因这一条款而变得轻一些。

A：我确实相信绝大部分上院议员，就其自身来说并不愿意判处斯特拉福德伯爵叛国罪，他们是被涌向威斯敏斯特的普通民众的叫嚣吓倒了。这些民众喊道："正义，正义反对斯特拉福德伯爵！"民众是受一些下院议员的鼓动而聚集于此。在胜利地欢迎了普林、伯顿和巴斯特威克之后，这些下院议员很有把握，可以将民众的骚乱置于任何他们想要的场合。上院议员对此感到害怕，部分还因为下议院本身：如果下议院决定干掉一个上院议员，他们只需要投票说他是一个违法者（delinquent）。

B：一个违法者，这指的是什么？不是一个有罪的人（sinner）吗？他们是要干掉所有的罪人吗？

A：所谓的违法者，他们指的仅仅是他们要尽力伤害的人。但我想，上院议员还没有疑心他们〔下议院〕想要除掉整个上议院。

B：奇怪的是，整个上议院的议员竟没有觉察到对国王权力的毁灭或者削弱就是对他们自己的毁灭或削弱。因为他们应该想到，人民从来不可能愿意将从国王那里夺取的主权交给他们。他们在人数上远远少于下院议员，并且由于他们较少受人民的爱戴，在权力上也远远弱于人数众多的下院议员。

A：但在我看来这并不奇怪，因为从个人能力来说，那些上议院议员并不比下议院的郡选议员和自治市议员差；同样在公众事务上，他们也并不比后者更有技巧。没有理由认为，如果一个人今天是下议院中的一名郡选议员（骑士），而明天晋升为勋爵并成为上议院中的一员，那他就比以前更聪明了。对私人事务的处理只要求勤奋和天生的才智，在这一点上，两院议员同本国的其他人一样都具备远见和才能。但要治理共和国，只具备才智、远见或是勤奋则不够，还需要有绝对可靠的规则，以及关于公平和正义的真正的科学。

B：如果是这样，那在这个世界上不可能有任何一个共和国（不论是君主制的、贵族制的，还是民主制的）能未经历改变或叛乱而长久维系。这些叛乱不是想改变政府，就是想改变统治者。

A：确实如此；在这个世界上也没有哪个最伟大的共和国能够长时间地免于叛乱。希腊人曾经有一些小国王，接着由于叛乱而产生一些小共和国；后来发展为一些较大的共和国，再通过叛乱成为君主国：而这些都是因为缺乏普通民众应关注的正义规则。如果民众在每场叛乱一开始就知道这项原则，一旦政府建立起来，那些野心勃勃的人就绝不会有希望扰乱他们的政府。因为没有人帮忙，野心什么也做不了，而如果普通民众都接受了关于他们义务的正确原则的谆谆教导，也就几乎不会有人助长叛乱。人们现在受到传道士的恐吓和迷惑，被灌输以有关人类意志的性质的无益而危险的学说[1]，以及许多其他既完全无助于来世人们灵魂得救，也无助于他们此世生活安逸的哲学观点。这些学说仅仅教导人们向教士尽义务，而这些本是他们应向国王尽的义务。

---

[1] 此处指的是"自由意志"的学说。

B：就我所观察到的来说，只要这个世界延续下去，所有的基督教国家都将遭受这种阵发性的叛乱。

A：很有可能。然而，正像我已经说过的，这类错误通过改进大学很容易得到矫正。

B：现在议会已经开了多久了？

A：它于1640年11月3日开始。11月12日，斯特拉福德勋爵在上议院被控告犯有叛国罪，并于22日被送往伦敦塔。对他的审判是从〔1641年〕[1]3月22日开始的，并于4月13日[2]结束。审判之后，他在下议院的投票表决中被定为重叛逆罪，接着在5月6日上议院投票表决中被定有罪，并于5月12日被砍头。[3]

B：真是迅速。但是，暂且不论所有这些，难道国王没有通过特赦救他的命？

A：国王知道审判他的全部经过，并对判决的公正性表达了不满。然而我认为，尽管国王本人也因人民的愤怒而处在危险之中，不仅那些他最依赖的人建议他准许判决的执行，斯特拉福德伯爵自己也如此建议；但如果特赦伯爵可以使其免遭议会一手炮制并支持的骚乱的残害（议会想以此威慑那些他们认为会支持国王的人）的话，他也会那样做。但后来国王自己并没有承认，没有尽

---

1 霍布斯在此处并没有注明是"1641年"，但依据史实，斯特拉福德伯爵是在1641年被审判砍头的。
2 在克拉伦登出版社2010年版中，此处日期为"4月15日"。
3 据克拉伦登出版社2010年版第199页注23的考证，霍布斯此处说法不准确：1640年11月11日下议院起诉斯特拉福德；11月25日他被送往伦敦塔；1641年3月22日开庭审理，最后一次开庭是在4月16日；4月10日第一次在下议院宣读剥夺财产和公民权法案，并于4月21日通过；该法案于5月8日在上议院通过。

力营救他是一个错误。

B：这说明国王处置得当。但是，奥古斯都（Augustus Caesar）将西塞罗遗弃给西塞罗愤怒的敌人安东尼（Antonius），任其发落，我从未读到过他承认自己做错了什么。这可能是因为西塞罗一直身处奥古斯都父亲的敌对派别，从未出于支持奥古斯都而做任何事，而仅仅是出于对安东尼的仇恨，以及对元老院议员地位的热爱，其实就是出于对能够左右元老院的他自己的爱。而斯特拉福德伯爵很有可能是为了他自己的目的而站在国王一派，毕竟他在前几届议会中是如此地反对国王。

A：我们不能可靠地判断人们的意图。但是，我时常观察到，一方面，那些想靠顽固（stubbornness）实现晋升的人，无法得偿所愿；另一方面，那些被迫用加官进爵收买臣民服从的君王，已经或者迟早必然变得非常虚弱。因为在一个可以用顽固买到荣誉和权力的市场中，像斯特拉福德勋爵那样有能力的买家很多。

B：您知道，当赫拉克勒斯[1]和九头蛇（Hydra）搏斗的时候，砍下了它许多头中的一个，而被砍掉的地方又重新冒出两个头。然而，最后他把它们全砍掉了。

A：这个故事这样讲是错误的。因为赫拉克勒斯最开始没有砍掉那些头，而是将它们收买了；后来，当他看出它们对他没有任何益处的时候，才将它们砍掉，并且获得了最后的胜利。

---

[1] 赫拉克勒斯（Hercules），希腊罗马神话中的大力神。

B：他们接着干了什么？

A：在首先控告了斯特拉福德伯爵之后，下议院在〔1640年〕12月18日指控坎特伯雷大主教也犯有重叛逆罪，说他计划推行专断政府，等等。为此他在〔1641年〕2月18日[1]被关进了伦敦塔；但对他的审判和处决拖延了很长时间，一直拖到1643年1月10日。[2] 这期间议会忙着讨苏格兰人的欢心，他们到英格兰来帮议会的忙。

B：为什么苏格兰人认为坎特伯雷大主教这样危险？他不是一个好战的人，也不是一个能够带领军队上战场的人；不过，他或许是一个精于权术的政客。

A：在他建议国王关注的任何事中，都没体现出这一点。我只听说他是一个道德上非常诚实的人，在教政体制上热衷推行主教制，希望能侍奉好上帝，让上帝的殿堂大为生色，尽可能地使之与我们应该给予神威的荣誉相配。但是，在我看来，他将他此前的争论（我说的是他在大学里关于自由意志的争吵）引入这个国家，还有他在祈祷书及其礼拜规则等问题上拘泥于形式的立场，都不足以证明他拥有处理国家事务的相应能力。大概在同一时间，他们通过了一项关于每三年召开一次议会的法案[3]，此法案得到了国

---

1 在克拉伦登出版社2010年版中，此处日期为2月28日。
2 据克拉伦登出版社2010年版第201页注25的考证，霍布斯此处记述有误：1641年2月26日，上议院收到对坎特伯雷大主教犯有重叛逆罪的指控，并将其关入伦敦塔。1644年3月12日，审判开始。1645年1月10日，坎特伯雷大主教被处死。
3 此处指《1641年三年法案》（Triennial Act 1641），是在查理一世执政期间，长期议会于1641年2月15日通过的旨在限制国王权力的法案。该法案要求每三年召开一次议会，会期不少于50天。该法案于1664年被查理二世时期的《1664年三年法案》（Triennial Parliaments Act 1664）所取代。

王的同意。该法案规定，本届议会结束之后的三年内，国王必须再召开一次议会，如此三年一次地往下推算；它还确定了人们在威斯敏斯特开会的确切日期。

B：但国王受上帝委托治理人民，如果他觉得议会将不利于或危害人民的安全或幸福，而不召开议会，那会怎么样呢？因为我无法理解，有哪个君主在双手被束缚，或者身负除维护治下人民利益以外的其他义务时，还能让民众良好地遵守秩序的。而从您告诉我的一切来看，他们当时还把国王当作他们的君主予以承认。

A：我不知道，但法案就是这样的。它还进一步规定，如果在应该召开议会的时间到来时，国王自己不发出命令，那暂且应由大法官（Lord Chancellor）或者掌玺大臣（Lord Keeper）发出议会召集令状（writs of summons）；而如果大法官拒绝这样做，那几个郡的郡长（Sheriff）就应在预定召开议会的日期来临之前，自行在邻近的郡法院里举行所谓的议会议员选举。

B：但是，如果郡长们拒绝这样做呢？

A：我想他们为此宣过誓。但对于这一点以及其他的特殊情况，我建议你参考这项法案。

B：议会还没有召开的时候，他们该对谁宣誓？

A：无疑只能是对国王，不管议会是否召开。

B：那国王可能会让他们免受誓言的约束。

A：此外，他们迫使国王关闭了星室法庭和高级委员会法庭

256

（High-Commission Courts）。[1]

B：如果国王拒绝，愤怒地向他们发起攻击，谁来（在议会没有召开的时候）保护不服从国王命令的大法官或各郡郡长呢？

A：我请求你不要问我这些事情的原因，我并不比你更明白。我只告诉你为了那一目的而通过了一项法案，这是国王在〔1641年〕2月中旬签署的，不久后大主教被送往伦敦塔。除了这项议案，还有另一项议案在两院一致通过，其中规定，本届议会应该一直延续到两院同意解散它为止。国王签署了这项议案，那是在他签署处决斯特拉福德伯爵的命令的同一天。

B：在如此短的时间内，议会朝着两院中最具煽动性成员的目标取得了多么大的进展啊！[2] 他们在〔1640〕11月开始开会，而现在是〔1641年〕5月，在仅仅半年的时间中，他们从国王那里赢得了人民原本对他的拥护；他们将他最忠实的仆人从他身边夺走；砍了斯特拉福德伯爵的头；监禁了坎特伯雷大主教；获准在本届议会解散之后的三年内再召开议会，而且他们这届议会想开多久就开多久。其中最后一条的获允，意味着对国王权利的完全废除。我认为这一条不能成立，除非君主自己明确宣布放弃主权，而他并没有这样做。但是，钱怎么办，他们是否通过补贴或者其他方式来补偿国王所做的这些巨大让步？

---

1 在克拉伦登出版社2010年版中，A的这一句话被放在了下面B的一段话中："……我认为这一条不能成立，除非君主自己明确宣布放弃主权，而他并没有这样做。A：此外，他们迫使国王关闭了星室法庭和高级委员会法庭。B：但是，钱怎么办，他们是否通过补贴或者其他方式来补偿国王所做的这些巨大让步？"
2 在克拉伦登出版社2010年版中，此句为："在如此短的时间内，议会朝着他们的目标，至少是朝着两院中最具煽动性成员的目标取得了多么大的进展啊！"

A：根本没有。但他们经常保证，他们将使国王成为英格兰历任国王中最荣耀的一个；而这些话容易被普通民众误认为好话。

B：议会现在满意了吗？因为我无法想象他们还能期望从国王那里得到比他现在答应他们的更多的东西。

A：是啊。他们想要整个绝对的主权，并将一个君主制政府改造成一个寡头政府；那就是说，眼前先让由一些上院议员和大概400名下院议员组成的议会成为绝对的主权者，不久后再将上议院搁置一边。这就是长老会牧师们的计划。由于握有神圣的权利，他们认为自己是教会的唯一合法统治者，并努力将同样的统治形式带到世俗国家中去。而且，就像教会法是由他们的宗教会议所制定，民约法应该由下议院来制定。他们以为，下议院以后仍然会像先前那样受他们统治。结果他们受到了蒙蔽，发现自己被徒弟所超越，虽然不是在恶毒方面，而是在才智方面。

B：接下来怎么样了呢？

A：在接下来的8月，国王以为他已经有力地迫使议会不再进一步发起针对他的诉讼，就前往苏格兰去安抚他的臣民，像他在这里所做的一样。他可能试图博取他们的好感，这样的话，议会如果在这里募兵反对他，将得不到苏格兰人的援助：对此他也想错了。因为，尽管苏格兰人好像很满意他所做的事情，其中包括他同意废止主教制度，但他们后来和议会结成了联盟，而且当国王开始占上风的时候，他们在议会的抱怨之下为了钱进攻英格兰。但那是此后一两年的事了。

B：在您进一步讨论之前，我想知道上议院、下议院或上下两院现在所声称拥有的权利的基础和来源。

A：问题是事情过去这么久了，它们已经被遗忘了。除了我们本国的记录和罗马史中模糊不清的小片段外，我们并没有推测的依据。至于记录，由于它们只是对发生过的一些事情（有时候是正义的，有时候是非正义的）的记录，所以你从来不可能借此知道他们〔上下两院〕拥有什么权利，只能知道他们自称拥有什么权利。

B：无论如何，请告诉我在这件事上，我们能从罗马历史中得到什么启示。

A：引用所有讨论过那些共和国（其中包括我们最初的祖先撒克逊人和其他日耳曼人，我们从他们那里获得现在在英格兰使用的荣誉头衔）和其他国家形式的古代作家的话，将显得过于冗长，并且都是些无用的闲话。从他们那里，不可能获得任何对权利的论证，而只能获得作为事实的例子。这些事例讲述强有力的臣民的野心，通常比其他事情更不正义。在古代，这些撒克逊人或盎格鲁人经过数次入侵成了这个国家的主人。他们自身并不是一体的共和国，而仅仅是许多日耳曼小领主和小国的联盟，就像特洛伊战争中的希腊军队，除了出于自身的恐惧和软弱而联合起来外，没有其他义务。绝大多数这样的领主在自己国家也不是君主，而是由民众推举出来的部队首领。因此，当他们征服这片土地的某个地方之时，他们中的某人被立为王，而其余首领将拥有比普通民众和士兵更多的特权，这并没有什么不公平。一个人可以轻易地猜想到其中一项特权，即他们应该熟识那个在政府事务中拥有统治权的人，担任他的顾问，并在战争与和平时期都身居最高和最尊贵的公职。但因为在有一个以上主权者的地方无法形成政府，所以不能得出以下推论：他们有权利以武力反对国王的决定；一旦他们不再当国王的好臣民，就不能继续享有荣誉和职位。我们看到在每一个重大事件上，英格兰的国王们都把他们当作王国中谨慎而明智的人召集起来，倾听他们的建议，并让他们裁决所有开会期间送到他们面前的诉讼案。但是，国王按自己的意愿召集他们，同样也总是有权力随意地解散他们。这些诺曼人，同我们一样源自日耳曼人，在这方面有着相同的习俗。通过这种方式，贵族拥有充当国王的大议事会（great council）成员的特权；而当他们集合在一起时，就是国王的最高法庭：这在征服[1]之后一直延续到今天。虽然在贵族中有许多不同的称呼或荣誉头衔，但他们仅凭男爵的称呼就拥有特权。这一称呼源自古代高卢人，在他们之中这一称呼的意思是国王的人，或者国王的某位重要人物：在我看来这似乎说明，虽然当他们应国王的要求给他忠告，但如果国王不听从他们的建议，他们也没有权利向他开战。

B：下议院从什么时候开始成为国王大议事会的一部分？

A：可以肯定是在征服之前，一些如国王所知的谨慎之士，虽然不是贵族，却被特别令状召进了同一个御前会议。但那与下议院没有什么关系。据我所知，直到爱德华一世执政之初，或者是

1　这里指 1066 年威廉对英国的征服。

亨利三世执政末期，即在男爵们的不当行为[1]之后不久，各郡和各自治市选出的议员才被召入议会。但任何人都知道，他们被召入议会是为了削弱滥用权力的贵族。在亨利三世时代之前，大部分贵族是日耳曼进攻和征服时的贵族和小国王（直到在他们之中有一人成为所有人的国王）的后裔；而他们的佃户就是他们的臣民，这与今天法兰西贵族的情况一样。但在亨利三世之后，国王们开始自己封立贵族，以取代那些空余头衔、丧失了名下土地的没落贵族后代。而通过这一方式，他们的佃户不再有义务在战争中为他们效力，他们的实力日渐衰弱，难以结党以反对国王，尽管他们仍可担任国王的大议事会成员。随着他们权力的衰落，下议院的权力增强了。但我发现，下院议员终究不是国王御前会议（King's council）的成员，也不能担任审判其他人的法官；尽管无可否认，国王可能会向他们征求建议，就像向任何其他人征求建议一样。但我认为召集他们的目的并不是为了让他们提建议，而仅仅是为了让他们在有申冤诉求的情况下，能带着诉求出席议会；而同时，国王有大议事会陪伴其左右。但是，对于国王本人自行制定法律，选任枢密院顾问官，筹集资金和招募士兵，保卫王国的和平和荣誉，凭个人喜好任命自己军队的将领和自己城堡的管理者等，下院议员和上院议员都不能在国王面前抱怨；因为抱怨就等于是告诉国王，他们的不满之一就是：他是国王。

B：当国王在苏格兰的时候，议会在做什么？

---

[1] 这里指的是西蒙·德·蒙德福特（Simon de Montfort）在1263—1264年带领贵族作战反对亨利三世，并召开了一次由直接选举产生的议会，这被视为欧洲最早的议会。

A：国王是〔1641年〕8月份去的；此后，议会从9月8日开始休会，直到10月20日；而国王大概在同年的11月底回来。在此期间，两院最具煽动性的成员组成了一个阴谋集团，他们策划颠覆政府并推翻君主制，但还不具备足够的才智以建立任何替代性的政府，结果只能付诸战事。他们计划好如何通过相互扶持来掌控下议院，并且设想好如何利用下议院的力量使这个王国陷入叛乱。当时他们将叛乱称之为抵抗所谓外敌（他们自己捏造和声称的）的防御状态。此外，当国王在苏格兰的时候，爱尔兰的天主教徒汇集了一大伙人，打算屠杀当地的新教徒，并且密谋于10月23日占据都柏林城堡（Dublin Castle），那里是国王派驻爱尔兰政府官员的驻地。如果不是事发前一晚事情败露了，该计划已成功实施。既然整个事情都败露了，就不需要我再告诉你事情败露的方式以及他们〔爱尔兰天主教徒〕后来在该国犯下的谋杀罪行了。

B：我很好奇，他们一开始在英格兰和国王发生争吵的时候，为什么没有预料到爱尔兰会发生叛乱并为之做准备。有人会这么愚蠢，竟然不知道爱尔兰的天主教徒早就想要改变那里的宗教信仰了，就像长老派在英格兰一样？或是愚到不知道，一般而言，爱尔兰民族憎恶臣服于英格兰之名；他们只要不再害怕来自英格兰军队的攻打，就再也不会保持沉默？那他们叛乱还有比这更好的时机吗？他们不仅被我们的脆弱（这是由国王和他的议会对立造成的）所鼓励，而且还被苏格兰民族和英格兰民族的长老派树立的榜样所鼓励。在国王缺席的情况下，议会对此做了什么呢？

A：除了考虑可以如何利用此事来达到自己的目的外，他们

263

什么都没做。他们一面将此事栽赃给国王邪恶的顾问们，一面借此时机向国王索要强征和号令士兵的权力。毫无疑问，不管谁拥有了这一权力，就相当于拥有了整个主权。

B：国王是什么时候回来的呢？

A：他在11月25日回来，受到了公众的夹道欢迎，仿佛他是开国以来最受爱戴的国王一样；但他没有受到来自议会的同等欢迎。现在，他们开始在国王向他们说的每一件事上，挑起与国王的新争吵。12月2日，国王召集了上下两院，仅仅是建议他们为爱尔兰组织救援。

B：他们能从中挑起什么争吵呢？

A：什么也不能。正像他们可能声称的那样，他们不过是又依照议会规程提出一项议案，敦促承认上下两院拥有强征和调集士兵的权力。这就等于从国王那里夺取控制民兵（militia）的权力，而这实际上就是整个主权权力。因为有了征兵和统兵的权力，就可以声称拥有其他任何主权权利。国王得知这一议案，便于12月14日重新召集了两院议员，再次提起爱尔兰事务。（这是必要的；因为在此期间，爱尔兰人一直在杀戮爱尔兰境内的英格兰人，并且增加兵力以抵抗他们预期会从英格兰开出的军队。）此外，国王对他们说，他注意到了他们敦促通过强征士兵的议案，他同意在附加一条关于他和他们权利的保留条款（*salvo jure*，保留权利）后通过该议案，因为现在争论此事不合时宜。

B：这其中不合理的地方在哪呢？

A：没有。不合理的是一个问题，而他们抱怨的是另一个问题。

他们抱怨的是：陛下注意到这一议案时，这一议案还处在上议院的辩论环节，是在议会按程序将议案呈递给他之前；而且，国王表现出了对提出这一议案的人的不满。他们宣称以上两点侵犯了议会的特权，还请求国王惩处那些给他恶毒建议的人，以作为对他们的补偿。正是这些人引诱国王这样做，他们应该接受相应的惩罚。

B：这是一项恶毒的指控。难道英格兰的国王不是习惯在高兴的时候出席上议院吗？[1] 这一议案不是在上议院接受辩论吗？一个人合法地和另一些人在一起，他必然会听到他们所说的并看到他们所做的，然而却被禁止像他的同伴那样注意到这些，这很奇怪。虽然国王没有亲临辩论，但是任何一名上院议员都可以合法地让他知晓这些。试想，某位下院议员，虽然没有出席议院表达任何观点或参与辩论，却从他的一些同僚那里有所耳闻，那他可能不仅仅是注意到这些，还会在下议院中提及。但因为国王的朋友和顾问对国王的善意，而迫使国王背弃他们，将他们置于死地、放逐或者投入监狱，这就是对国王施行暴政啊！没有哪个国王曾对任何臣民这样做，除非他们犯有叛国或谋杀罪，然而这样的情况很少。

A：自此展开了一场公文战，一方是议会，另一方是国王的秘书和其他能臣。他们在12月15日给国王送去一份叫作《一份

---

[1] 据克拉伦登出版社2010年版第212页注42，1670年5月21日，查理二世获得了列席上议院、旁听其辩论的权利，他曾声称这是英国国王的一项悠久传统。

王国的抗议》(*A Remonstrance of the State of the Kingdom*)[1]的文件，还有一份请愿书。他们设法发表了这两份文件。在《大抗议书》中，他们控诉称，在议会召开之前，有一个恶毒的党派酝酿了捣乱计划；并列举了议会凭借其智慧采取了哪些措施来阻挠它，他们在其中遭遇了什么困难，适当采取了哪些步骤来恢复并巩固国王与国家自古以来的荣誉、伟大和安全。

据他们所说，这些计划的发起者和执行者，首先是耶稣会天主教徒（Jesuited Papists）。

其次，还有主教们，以及部分教士——他们恪守礼节，将其视为教会自身专制和僭越的支柱。

再次，还有国王的顾问和廷臣们，他们说这些人为了个人的目的，投身于增进某些外国君主的利益。

B：很可能是这样，一些主教和廷臣为了追逐他们个人的利益，轻率或恶意地做了某些事情。因为我认为国王不应该纵容任何挑战自己至高权威的事情，所以我特别请求您告诉我他们的罪行是什么。

A：议会并不热衷于反对与国王对立的人，但却指控主教、顾问和廷臣们（他们确信自己做的所有事情都是国王命令的），这是以更为礼貌的方式指控国王本人，并向他的臣民诽谤他。因为事实上，他们对这些人的指控是如此笼统，都不能叫作指控，而只能算怒斥。第一项指控是，这些人在国王和他的人民之间挑起了

---

[1] 史称《大抗议书》。

对特权和自由的质疑,尽管他们看起来非常乐意为陛下效劳,但归根到底是想跻身于王国中最受信赖和最有权力的地位上。

B:这怎么能被称作一项指控呢,其中并不存在什么原告能够提供证据和证人加以证明的事实。仅仅是假定这些对特权的质疑是由被告挑起的,谁能够证明被告这样做是为了给他们和自己的朋友谋取王国中受信赖和有权力的地位呢?

A:第二项指控是,他们致力于压制宗教的纯粹性和力量。

B:那是假话。以人的权力是无法压制宗教的力量的。

A:他们的意思是,这些人将镇压长老派的学说,也就是当时议会的骗人主张的基础。

第三,他们爱护阿米尼乌斯派、天主教徒和思想自由者(Libertines,这里指那些不参与争吵的普通新教徒),最终他们可能会组成一个根据他们的忠告和决议而行动的共同体。

第四,他们极力让国王以其他途径筹集资金,而不是通过议会这种惯常方式。

判断一下这些是应当被称作指控,还是不如叫作对国王统治的恶意责骂。

B:我认为这最后一条是一个非常大的错误。当议会愿意为了王国的安全或国王的荣誉而资助他时,让国王采用非常规手段来筹集资金有什么好处,又有什么必要呢?

A:但我以前告诉过你,他们什么都不会给国王,除非国王砍掉他们想要除掉的人的头,不论那个人对国王如何忠诚。而且,如果国王牺牲掉他所有的朋友来满足他们的野心,他们也会找到其他借口拒绝给他特别津贴；因为他们下定决心要从他手中夺取主权权力。如果他们不非常小心地使他身无分文的话，他们绝对做不到这一点。接下来，他们将国王自执政以来所有他们不喜欢的东西，不论其错误与否（他们不知道国王去做这些事的原因和动机，因而无法判断其对错，这些只有国王自己和国王给透露过消息的枢密院成员知道），一律视为给国王谏言的人的过错进行抗议。

B：但他们所说的过错是什么呢？

A：1. 在牛津解散他的第一届议会。2. 在他执政的第二年解散第二届议会。3. 在他执政的第四年解散议会。4. 对加的斯[1]发动的远征毫无成果。5. 与西班牙言和，荒废了恢复普法尔茨领地的事业[2]，诉诸一份有偿而无望的条约。6. 下令以强制借贷的方式筹集资金。7. 征收船税。8. 违反《大宪章》扩大御猎场。9. 计划将所有的火药都控制在他一人手中，并且存放在伦敦塔内。10. 用黄铜制币的计划。11. 由星室法庭判处的罚款、监禁、侮辱、损毁肢体或器官、鞭笞、枷刑、限制言论自由、拘留和放逐。12. 替换法官。13. 议事厅（Council-table）的非法行动。14. 皇家军务法庭（Earl Marshal's Court）的专断和不合法的权力。15. 大法官法庭、财政署内室法庭（Exchequer-chamber）和王室监护法院（Court of

---

[1] 1840 年版误为加莱（Calais）。在克拉伦登出版社 2010 年版中，此处地名为 Cales，而不是 Calais。Cales 是 17 世纪英国对西班牙城市加的斯（Cádiz）的称呼。1625 年 10 月，为了转移国内政治矛盾，白金汉公爵策划了加的斯远征（Cádiz expedition）。该远征以失败告终，士兵们于 1625 年 12 月返回英国。

[2] 普法尔茨领地，指的是由新教联盟领袖普法尔茨选帝侯（Palatine Elector）统治的一片领土，地处神圣罗马帝国境内。1619 年，为了得到波西米亚国王的王位，普法尔茨选帝侯将这片领地交给神圣罗马帝国皇帝统治。但在此之后，欧洲的新教徒一直想要用武力恢复这片领地，尤其是在英格兰，因为普法尔茨选帝侯的妻子正是英王詹姆斯一世的女儿。

Wards）对权力的滥用。16. 出卖荣誉头衔、法官的头衔、高级律师（Serjeants）的职位及其他官职。17. 主教和其他教士蛮横地将许多勤勉、博学和虔诚的牧师停职、逐出教会、革职或降级。

B：有这样被降级、革职或逐出教会的牧师吗？

A：我不知道。但我记得曾听说过好几个惹人厌、没学问且煽动叛乱的牧师已受到威胁。

18. 高级委员会法庭的严酷。19. 在国王面前布道以反对臣民的财产权，并支持国王凌驾于法律之上的特权。还有他们对政府的种种琐碎抱怨。虽然以上这些被怪罪到这一派人身上，然而他们知道在人民的判断中这些该归罪于国王，他们利用印刷品将这些消息传达给人民。

再有，1640年5月5日议会被解散之后，他们找到了其他的过错。例如，解散议会，监禁两院的一些成员，企图在伦敦进行强制借款，议会结束后教士会议继续召开，还有国务大臣温德班克和其他人对天主教徒的青睐。

B：所有这些将被当作治理不善和国王的过错在公众中流传，虽然其中一些只是厄运。然而厄运和治理不善（如果有的话），都是议会的错。他们拒绝给国王钱，不仅使他对外征服受挫，还迫使他以那些非常规的（他们称之为不合法的）方式在国内筹集资金。

A：你看他们为了向人民展示国王治理不善罗列了多少罪状啊。随后他们列举出他们为了帮国王弥补他的诸多过错（虽然不是所有过错）和其他许多事情而做出的努力。他们还说，虽然他们向苏格兰人签约借债22万英镑[1]，而且答应给予6份津贴，还通过了一项价值超过6份津贴的人头税议案，然而上帝是如此赐福于本届议会的努力，以致王国还能从中获利。紧接着的是他们为国王和王国所做的好事的清单。他们说，他们为王国做了以下这些事情：他们废除了船税[2]；他们去除了服装和行军费[3]，以及其他的军费开支，他们说这些加起来只比船税少一点点；他们还废除全部专卖权，估算这每年为臣民节省100万英镑以上；通过处死斯特拉福德勋爵，赶跑大法官芬奇（Finch）和国务大臣温德班克，监禁坎特伯雷大主教和巴特利特（Bartlet）法官[4]，还有弹劾其他主教和法官，他们平息了现有的不满，也就是对邪恶的顾问和执行者的不满；他们通过了每三年召开一次议会的议案，以及另一个允许本届议会持续至他们自己认为适宜解散之时的议案。

B：这就是说，如果他们觉得不宜解散的话，议会将永远开下去。他们为王国所做的一切，不过是使王国失去了政府、兵力、金钱、法律，以及好的忠告。

A：他们还算计着，要干掉高级委员会，削弱议事厅的权力，削弱主教及其法庭的权力，废除不必要的宗教仪式，断了那些不属于他们派别的牧师们的圣俸（livings），让予他们这一派的牧师。

---

[1] 在克拉伦登出版社2010年版中，此处为"20万英镑"。《大抗议书》原文第112条，是22万英镑。

[2] 在克拉伦登出版社2010年版中，此处还有"每年耗费王国20万英镑"。

[3] 服装和行军费（coat and conduct money），是查理一世为筹集军队的基本费用征收的一种新税。

[4] 据克拉伦登出版社2010年版第219页注55的考证，霍布斯此处记述有误：芬奇不是大法官，而是掌玺大臣。被监禁的是罗伯特·伯克利（Robert Berkeley）法官，而不是巴特利特法官。

B：所有一切只是为了他们自己，并非为了王国。

A：他们说，他们为国王做的好事首先是一个月给他25,000英镑，以救援北方各郡。

B：相比于英格兰的其他地方，北方各郡需要什么特别的救济吗？

A：是的。在北方各郡驻扎着苏格兰的军队，这是议会召唤来反对国王的，所以要有人负担他们的食宿。

B：确实。但是，他们是被议会召集来的。

A：但他们说不是。而这一经费应由国王负责，因为他必须保护他的臣民。

B：除非他们给国王保护他的臣民所需要的钱，否则，他不再受此约束。招募一支军队来反对国王，并镇压他们本国的臣民；接着要求国王救济他们，也就是说，为被招募来反对他的军队付钱：这真是厚颜无耻。

A：非但如此，更有甚者，他们把给苏格兰的30万英镑算在国王的账上，要是没有这笔钱的话，苏格兰人就不会进攻英格兰。另外还有许多其他事情，我现在记不起来了。

272

B：我没有想到人世间会有如此放肆而邪恶的人。

A：你观察这个世界的时间还不够久，还没有见识所有的罪恶。这其中就有我所说的他们的《大抗议书》。连同《大抗议书》他们还送去了一份请愿书，包括以下三点：1. 陛下要剥夺主教们在议会的投票权，取消他们推行的宗教迫害、教政体制以及教规；2. 陛下应该从枢密院中清退那些可能激起人民不满的成员，并在重大公共事务中任用议会信任的人；3. 他不能转赠因爱尔兰叛变而回归王权的土地。

B：我想，在那时提出最后一点是不明智的。这应该留到平定叛乱之后，当时连抵抗叛乱的军队都还没有派出去。这就像没等杀死狮子就出卖狮子皮一样。但国王对其他两点提议做出了什么回答呢？

A：除了否决，还应该做什么回答呢？[1] 大约与此同时，国王本人对议会六名成员提出指控，指控他们犯有重叛逆罪，其中五人出自下议院，一人出自上议院。国王在〔1642年〕1月4日亲自到下议院去索要这五个人。但一些不忠于国王的人给他们通风报信，他们没有到下议院去；陛下的计划落空了。在国王离去之后，下议院做出了远超出他们特权允许的可耻行径，他们休会去了伦敦，在那里召开常务委员会（general committee），并声称他们在威斯敏斯特不安全（仅因为国王去议院索要那些人的时候，比平时多带了几个人去，但与他以往的随从相比，这些人并没有进行特别的武装）。虽然后来国王宣布撤销对这些人的指控，却也没能换来和平，除非他再向他们揭发那些建议他以那样的方式进入议院的人，最终这些人可能会受到相应的惩罚。他们用"相应的惩罚"来代替"残酷的虐待"一词。

B：这是一个残酷的要求。难道国王容忍他的敌人还不够，

---

[1] 据克拉伦登出版社2010年版第221页注62的考证，国王对前两点建议并没有断然拒绝。国王对于第一点的回答是，主教在议会的投票权"植根于王国的根本法和议会的宪法"；对于第二点，他让他们给出更具体的指控。

还必须背叛他的朋友吗？如果他们在夺取主权权力之前就对国王施行暴政，那当他们得到它的时候，会对那些臣民施行怎样的暴政呢？

A：就像他们这样做的。

B：那个委员会在伦敦持续了多长时间？

A：不到两三天。接着，在一群狂暴的武装人员的护卫下，他们由水路从伦敦凯旋至议会大厦，也不管国王在与不在，便在此安全地开会了，并以他们列出的条款众多的叛逆法案反对国王；他们借助这些骚动吓跑贵族院中不属于他们一党的人。因为当时这些乌合之众是那么蛮横无理，主教们由于害怕人身遭受暴力伤害，几乎都不敢去议院。他们中的十二个人为没能去议院请求原谅，并以向国王请愿的方式，抗议他们不能从容地到议会去履行职责，还声明反对上议院的一切决定，因为这些在他们被迫缺席期间通过的决定是无效的。下议院抓住这件事情，派自己的一名成员去贵族院，指控这十二个人犯有重叛逆罪。于是，其中十个人被送去了伦敦塔，在那之后他们犯有重叛逆罪的事不再提及。但一项剥夺他们在议会的投票权的议案获得了通过，并得到了国王的赞同。在之后的9月初，他们投票通过主教不应再参与教会管理的决议；但是，他们还没得到国王对这一议案的同意，此时战争就开始了。

B：什么使得议会如此反对主教制度，尤其是在主教还是其成员的上议院？我不明白他们为什么要这样做来讨好那些穷困的教区教士，这些人是长老派，无论如何也不可能为上院议员效力；恰恰相反，他们竭尽全力想推翻上议院的权力，并迫使上院议员臣服于他们的长老会议和教阶。

A：因为上院议员几乎没有人察觉到长老派的企图；此外，我相信他们也不敢反对下议院。

B：但下议院为何如此坚定地反对他们〔主教〕呢？

A：因为他们想利用自己的信条，通过假装圣洁而使国王及其党派遭到人民的憎恨。在人民的帮助下，他们要废黜国王建立民主制，或让国王保住他的头衔，只要他按他们的意图行事。但是，不仅议会是他们的敌人，而且从某种意义上说，全体英格兰人民都是他们的敌人；因为正像人们所说的，他们的行为太过专横。这就是所有对主教们的似是而非的指控。长老派想推翻主教，主要是出于嫉妒，他们激怒人们来反对主教，反对主教制度本身。

B：长老派会怎样统治教会呢？

A：通过全国和各省的长老会议。

B：那不就是全国的长老会议相当于主教，各个教省的长老会议相当于诸位主教吗？

A：是的。但每一位牧师都会乐意共享对教会的统治，从而报复那些不敬佩他们的学识且无助于他们敛财的人，并拉拢那些与前者相反的人。

B：这事很麻烦，两个派系的斗争困扰着共和国，两派的意见都不比任何个人的意见更有影响力。¹他们的争吵应该只关乎意见，那就是谁最有学问，仿佛他们的学问就是统治整个世界的规则一

---

1 此处英文原文是"without any interest in it of their own, other than every particular man may have"，其中 interest 在 17 和 18 世纪的用法中有"影响力"的含义。

样。他们精通哪方面呢?是治理国家的政治学和规则吗?我知道,那叫作神学。但我听到的布道内容,除了哲学外没有其他东西。因为宗教自身不允许存在争议。作为王国的一项法律,它不应该有任何争议。他们宣称能与上帝对话,并知晓其意图。而我认为,除了与我们一样读《圣经》以外,他们没有其他方式能做到这一点。

A:是啊,他们有些人的确是这样做的,宣称自己是拥有超凡灵感的先知。而另一些人则仅仅声称比其他人更擅长阅读《圣经》(这是为了升任有俸圣职并对灵魂收费),理由是他们在大学接受过训练。除了公开教授的自然哲学知识外,他们还学习了拉丁语以及一些希腊语和希伯来语的知识,而《圣经》就是用这些文字写成的。

B:至于拉丁语、希腊语和希伯来语,对于戳穿罗马人的欺骗[1],以及驱逐罗马天主教的权力曾经非常有用,或者说是十分必要。但现在这些都过去了,我们有了英语版的《圣经》,并用英语布道,我看不出用拉丁语、希腊语或希伯来语有什么大的必要。与之相比,我想我更擅长理解我们邻居的语言:法语、德语和意大利语[2]。我认为,哲学大大有助于一个共和国的权力,这在教皇权力确立之前的世界中从未出现过。

A:但在世界上几乎所有的古代王国中都是这样,哲学(与神学一起)大大促进了教授们的晋升,使他们拥有仅次于国王的最高权威。这一点在古代历史中显而易见。

---

1 在克拉伦登出版社 2010 年版中,此处为"天主教的欺骗"(Romish fraud)。
2 在克拉伦登出版社 2010 年版中,此处为"西班牙语"。

277　　B：请您列举一些作者和相应的段落。

A：首先，古代布列塔尼（Britanny）和法兰西的德鲁伊[1]是什么？在恺撒、斯特拉波（Strabo）等人，尤其是西西里的狄奥多罗斯——他可能是历史上最伟大的古典作家（antiquary）——的记述中，你能看到那些德鲁伊拥有什么样的权威？西西里的狄奥多罗斯曾提到法兰西的德鲁伊，他称他们为萨诺瓦德斯（Sarovides），并这样说道："在他们之中，也有一些享受着极大荣耀、被当作先知的哲学家和神学家。这些人擅长用鸟占术和脏卜术来预测未来，并让大众服从他们。"后面又接着说："没有哲学家在场就不献祭，这是他们的习俗。他们说，人不应该直接向神表达他们的谢意，而应该通过那些通晓神性之人。神与这些人使用的是同一种语言，而所有好的事物都应该由这些人祈祷神赐予。"

B：我很难相信那些德鲁伊非常精通自然哲学或者道德哲学。

A：我也不信。因为就像毕达哥拉斯一样，他们秉持并且传授灵魂转世说。我分不清，是他们从他那里得到这一见解的，还是他从他们那里得到这一见解的。

除了哲学家和占星家而外，来自波斯的东方三博士（the Magi）[2]还能是什么呢？你知道他们是如何在一颗大星的指引下，

---

[1] 德鲁伊（Druids），在罗马、希腊神话中指森林女神，传说每一棵橡树都居住着精灵，这些树精通过德鲁伊向人类传达神谕。因此，后世文学著作中德鲁伊常以树精的形象出现。
[2] 据《新约·马太福音》记载，耶稣出生，三位博士在东方看见伯利恒方向的天空上有一颗大星，于是便跟着它来到了耶稣基督的出生地。他们带来了黄金、乳香、没药，被人们称为"东方三博士"。由于波斯原文 Magi（Magus 的复数形式）乃占星术士之义，他们可能是古波斯祭司。

从波斯本地或位于犹地亚[1]以东的一些国家出发，找到我们的救世主的吗？这些人在他们国家不是拥有巨大的权威吗？而他们在绝大部分基督教国家中难道不是一直被视为国王吗？

埃及被许多人看作是世界上最古老的王国和民族，而他们的祭司在公民事务中享有臣民在任何国家中可能拥有的最大权力。他们除了是哲学家和神学家之外，还能是什么呢？关于他们，西西里的狄奥多罗斯这样说道："埃及整个国家被分成三部分，祭司团体作为其中一部分，最得人民信赖，既是因为他们对诸神的虔敬，也是因为他们通过教育而获得的理解力。"他紧接着又说："在所有最重大的事务中，这些人通常都担任法老的顾问，一些人负责执行，一些人负责通报或给出建议。他们还擅长利用占星术和观察献祭生灵，向法老预言即将发生的事情，并给他读那些他们的圣书中所记载的事迹，了解这些事迹当对他大有裨益。这不像是在希腊——一男或一女拥有祭司职位——他们许多人共同负责维护诸神的荣誉和向诸神献祭，并将这一仅次于国王、拥有最大权力和最高权威的职业传承给他们的后代。"

关于埃及人的审判制度，他这样说道："他们从赫利奥波利斯（Hieropolis）、底比斯（Thebes）和孟菲斯（Memphis）这些最知名的城市中挑选出法官，这些人组成的委员会并不逊色于雅典的战神山议事会（Areopagus）或斯巴达的长老会议（senate in Lacedeamon）。当这三十人开会时，他们从中推选出一人担任首席

---

[1] 犹地亚（Judea），古代巴勒斯坦南部地区，包括今以色列南部及约旦西南部。

大法官（chief-justice），而他所属的城市将派送另一个人来填补他原来的位子。"这位首席大法官的脖子上戴有一条金项链，上面挂着珍贵宝石制成的饰物，名为"真理"。当首席大法官佩戴上这一饰物时，诉讼程序就开始了。当法官们对审判结果达成一致时，首席大法官就将这一名为"真理"的饰物交给胜诉的一方。现在你知道了哲学和神学结合起来在公民事务中获得了多大的权力。

让我们再来看看犹太人的共和国。难道不也是和埃及一样，祭司的职位只属于一家一姓，也就是利未人[1]吗？难道大祭司不是用胸牌中的乌陵和土明[2]来做出判决的吗？看一看亚述（Assyria）王国，以及他们的哲学家和迦勒底人（Chaldeans）[3]。即使是亚伯拉罕（如你所知，他曾居住在迦勒底人统治下的乌尔[4]）的时代，难道他们没有属于自己家族的土地和城市吗？对于上述这些，西西里的狄奥多罗斯是这样说的："迦勒底人是一个政治派别，就像埃及的祭司一样。他们受命服务于神，毕生致力于哲学。他们在占星学上有非常大的名声，并且声称拥有预言能力，通过斋戒和献祭来预言即将发生的事情，还用某种咒语来趋吉避凶。他们还很擅长鸟占术、解释梦境和奇迹，他们也并非不善于用脏卜术来预言。然而他们获取知识的方式不同于希腊人，因为迦勒底人的哲学是依照传统在家族中父子代代相传的。"

---

1 利未人（Levites），或称利未支派，是雅各的儿子利未的后代，属犹太十二支派之一，专责协助祭司进行宗教仪式，并管理圣殿内的一切事务。
2 乌陵和土明（Urim and Thummim），是两种宝石的名称，古代犹太教大祭司装在胸牌内的占卜宗教物品。
3 在克拉伦登出版社 2010 年版中，此处为"以及被称作迦勒底人的哲学家们"。
4 乌尔（Ur），古代美索不达亚南部苏美尔的重要城市。

让我们离开亚述，进入印度，去看看哲学家在那里受到什么样的尊重。狄奥多罗斯说："印度的所有民众被分为七个部分。第一部分就是哲学家，因为他们的人数最少，地位却最高。他们不用交税，而且他们既不是其他人的主人，也没有人是他们的主人。由于他们被认为是最受诸神喜爱且最精通地狱学说的人，他们被私人叫去献祭和料理丧事，并因此获得了相当多的礼物和荣耀。他们对于印度人民来说也大有用处；因为在年初的时候他们被召进人民大会，向人们预言大旱、大雨、风、疾病，以及其他所有那些对于人们来说事先知道总归有好处的事情。"

同样是狄奥多罗斯，在谈到埃塞俄比亚人的法律时，他说："埃塞俄比亚人的法律与其他民族的法律相比似乎非常不同，尤其是在选举他们的国王上。祭司在他们之中提出了一些主要人选，给出一个名单，这些人是神（根据某种习俗，神被请到酒宴上来）所接受的。人们像崇拜和荣耀神一样对待大众选举产生的国王，是神意让其进行统治的。当选的国王在个人生活方式上受到法律的约束，并要按照国家的习俗处理其他所有的事务。除了他们之中最初按法律确立的那些奖惩外，国王不能以其他方式奖赏或惩罚任何人。他也不能用这样的方式置人于死地，即使某人被判处了死刑，也仅仅是派出一位拿着死刑令牌的官员；见到这一令牌的人，将立即回到自己的房间，然后自杀。但所有这些事情中最奇怪的是，他们在有关国王之死一事上的所作所为。住在麦罗埃（Meroe）的祭司们将所有时间用于崇拜和荣耀诸神，他们拥有极大的权威。当他们有了想要国王死掉的想法时，就派一个使者到国王那里命令他死去；因为诸神已经给出了这一命令,而不朽之神的命令不能以任何方式被那些天生可朽的人所无视。派去的人也用其他的话劝说他,而在根深蒂固的古老习俗教育下,人们头脑简单,又没有足够的理由来反驳那些不必要的命令,所以愿意认可这套说辞。因此,以往时代的国王服从祭司,不是因为被强力和武器所控制,而是因为他们的理性被迷信所控制。但在托勒密二世(Ptolemy II)的时期,埃塞俄比亚国王埃尔加迈(Ergamenes)接受了希腊式哲学教育,成为第一个敢蔑视祭司权力的人,勇于追求与其国王头衔相称的地位。他带着士兵去到一个叫纳帕塔(Abaton)的地方,当时埃塞俄比亚的金色神殿在那里。他杀死了所有的祭司,废除了旧有的习俗,并且根据自己的意志来整顿这个王国。[1]"

B:虽然那些被杀死的人是可恶的骗子,但是这么做很残忍。

A:是这样。但是,祭司们就不残忍吗?他们让国王自杀,而此前不久还像崇拜神一样崇拜他。国王杀死他们,为的是他自身的安全;他们杀死国王,却是出于野心或是善变。国王的行为可能会被粉饰成为了人民的利益;而祭司却没有反对国王的借口,国王无疑是虔诚的,否则的话绝不会遵从一个手无寸铁的使者所传达的祭司们的命令而自杀。你知道,我们已故的国王(可能是史上最好的国王)被杀害了,他最初遭到长老派牧师所煽起的战事的迫害。我相信,在这场战争中,英格兰、苏格兰和爱尔兰共死了

---

[1] 根据狄奥多罗斯的记述,埃尔加迈是麦罗埃(Meroë)的努比亚人(Nubian)国王。他在托勒密二世到托勒密四世时期执政,受到托勒密统治的埃及的影响。他摒弃了埃塞俄比亚祭司控制国王权力的传统,想要像其邻居托勒密二世那样,获得统治国家的绝对权力。

约 10 万人，而长老派牧师对所有这些人的死负有罪责。如果这些煽动人心的牧师们（大概不足 1000 人），在他们开始布道之前就被杀掉，不是会好很多吗？我承认，那将是一场大杀戮；但杀掉 10 万人，那是一场更大的杀戮。

B：我很高兴主教们与此事无关。这件事并没有显示出他们像某些人说得那样有野心，因为他们是参与这一事件的那些人的敌人。

A：但我引述上面的内容，不是要认可那些异教徒的神学或哲学，而仅仅是想表明那些学科的名声会在人们中间产生什么样的影响。因为他们的神学除了偶像崇拜外别无其他；他们的哲学（除去埃及祭司与向他们学习的迦勒底人通过对天文学、几何学和算术的长时间观察与学习而掌握的那些知识）不仅非常有限，并且很大程度上在占星学和算命之中被扭曲。然而在这个国家中，教士的神学被认为不同于那些驳杂不纯者（即那些罗马教会宣扬的教义，其中残留着亚里士多德等古希腊哲人的意味不明的学说，而这些哲学学说不仅本与宗教无甚关联，而且只会滋生不满、不和，并最终导致叛乱和内战，就像我们最近切身体验到的长老制与主教制之间的纷争一样），而是真正的宗教。但是因为双方存在这些分歧，当其中一方掌权时，不仅仅会镇压另一方的教义，还将镇压任何从某个不良的角度来看待他们的利益的学说；其结果是压制了所有真正的哲学，尤其是公民哲学和道德哲学。这些真正的哲学从来不会助长野心或是对主权权力的不服从。

国王控告上议院的成员金博尔顿勋爵（Lord Kimbolton），还有霍利斯（Hollis）、黑兹尔里格（Haslerigg）[1]、汉普登（Hampden）、皮姆（Pym）和斯特劳德（Stroud）这五名下议院成员犯有主叛逆罪，议会又投票决定将主教从贵族院中赶出去之后，他们在给陛下的请愿书中提出了两项主要诉求。一项是，国王应声明是谁建议他去议会逮捕上述议员的，国王应该把这些人交给议会，让其接受相应的惩罚。而他们这样做，是想给陛下贴上抛弃朋友、将朋友出卖给他的敌人的不光彩标签。另一项是国王要允许他们从伦敦城调出一支护卫队，归埃塞克斯伯爵指挥。他们声称，不这样的话，他们就不能安全地开会。这一要求不过是对于陛下的谴责，谴责他以稍多于平常的武装去议会索要上面提到的五名反叛成员。

B：我没有看出为什么他们特别限定是伦敦城的护卫队，并指名由埃塞克斯伯爵率领，除非他们故意让国王意识到这是一支反对他本人的护卫队。

A：他们就是有意让国王这么想。而且，正如我确信的那样，他们认为他会把这当成一种侮辱。而国王本人确实这样理解，拒绝答应这件事；尽管他愿意命令这样一支护卫队来伺候他们（如果以别的方式不能令他们满意的话），因为他对万能的上帝负有护卫他们安全的职责。此外，伦敦城请求国王（无疑是由一些下议院成员挑起的）将伦敦塔交给值得信赖的人，言下之意是议会所赞同的人选，并指派一支护卫队保护陛下和议会的安全。利用许多吵吵闹闹的民众以骚动喧哗的方式请愿，是下议院惯用的手法。如果

---

[1] 亚瑟·黑兹尔里格爵士（Sir Arthur Hazlerig），英国内战中反对查理一世的议会成员。他在本书后文中也会出现，他的姓氏 Hazlerig 又可写作 Haslerig、Heslerig。

不制造巨大恐慌的话，他们的野心从来不会通过祈祷和请求而得到满足。

国王撤销了对这五名成员的指控，却拒绝说出是谁建议他亲自去下议院抓人的。他们对总检察长（Attorney-General）提出质疑，他在国王的命令下提出了针对这五人的指控条款。他们投票认定总检察长侵犯了议会的特权。如果不是他迅速逃离了本国的话，无疑会让他感受到他们的残酷手段。[1]

大概在〔1642年〕1月底，议会两院制定了一道命令，禁止信仰天主教的指挥官进入爱尔兰。他们并不是非常害怕这一点，而是害怕国王借机选择自己的指挥官来担当此任，这样可能会有助于他摆脱爱尔兰，而专与议会为敌。但与他们同时送给陛下的一份请愿书比起来，这并不是什么大事。那大概是在1641年1月27日或者28日[2]，他们想要实际拥有英格兰的绝对主权；虽然在国王还活着的时候，他们没有以主权之名发起挑战。为了最终消除这个王国内部的恐惧和危险，挫败那些与和平为敌的人的恶毒计划，他们恳求陛下能乐于将以下三者交到两院向他举荐的人手中：第一，伦敦塔；第二，所有其他的堡垒；第三，王国的整个民兵组织。而他们将此称为一份必要的请愿书[3]。

---

[1] 据克拉伦登出版社2010年版第235页注93的考证，霍布斯此处记述与史实有出入：1642年1月15日，总检察长遭受质疑，做出回复，议会做出决议；1642年4月13日，总检察长入狱；1642年5月11日，被释放；此后，总检察长在约克追随国王，直至1648年离开英国。

[2] 在1840年版第285页侧边空白处，标注有"1641年2月2日"。

[3] 据克拉伦登出版社2010年版第235页注95的考证，议会分别向国王递交了两份请愿书，只在第二份上写有"一份必要的请愿书"。

B：普遍设想的恐惧和危险真的存在吗？或者那时确实出现了一些在请愿书中提到的心怀叵测的敌人？

A：是的。但除了任何谨慎而诚实的人可能有理由对议会的居心心怀恐惧以外，不存在任何对其他危险的恐惧；而议会才是王国的和平潜在的最大敌人。还值得注意的是，这一请愿书以"*最仁慈的君主*"为开头：他们如此愚蠢，居然不知道他是民兵组织的主人，是这个王国的主人，所以他也就拥有最绝对的主权。为了回避普通民众在白厅（Whitehall）门前的骚乱，以及他们的抗议和冒犯，国王现在在温莎（Windsor）。在此后的〔1642年〕2月9日，他去了汉普顿宫（Hampton Court）。接着，他和王后去了多佛尔（Dover），同去的还有他们的女儿奥兰治亲王妃（Princess of Orange）[1]。从那里，王后和奥兰治亲王妃乘船去了荷兰。而国王回到了格林尼治（Greenwich），又在那里派人去请威尔士亲王（Prince of Wales）和约克公爵（Duke of York），并和他们朝着约克去了。

B：上院议员与下院议员一起递交了这份关于民兵组织的请愿书吗？

A：从请愿书的标题看是如此；但我认为，他们是不得已而为之。下议院只把他们视为一群无足轻重之人，有名而无实。也许上议院中的绝大部分人也认为，从国王那里夺走民兵组织将增强他们自己的力量。但他们大错特错，因为下议院从未想过让他们分享什么。

---

[1] 玛丽·亨丽埃塔（Mary Henrietta，1631—1660），查理一世国王的大女儿，于1641年5月2日与威廉二世（奥兰治亲王）结婚。

B：国王对这一请愿书做了什么样的回答？

A：回答如下："陛下认真地考虑了这份请愿书，并渴望表达他是如何愿意给出改进的办法，不仅仅是解除你们的危险，而且还消除你们的疑虑和恐惧，所以他给出这样的答复[1]：待他得知你们[2]想要任命为几个郡民兵组织统领的人能拥有的职权范围，以及若无议会的建议，陛下不能独自行使任何权力的期限有多长后，他就会宣布，（为了保证你们免受任何人的威胁或是猜忌，）陛下同意在各堡垒和几个郡民兵组织的所有职位上安置议会两院所共同认可或者推荐给他的人。所以你们得事先向陛下说明你们赞同或者推荐的人选，而且这些被提名的人未被陛下以正当无疑的理由排除在外。"

B：关于民兵组织，议会赋予了谁什么样的权力，期限为多长时间？

A：议会赋予的权力与国王以往赋予他在几个郡的郡最高军事长官（lieutenants）和郡军事长官助理（deputy-lieutenants）的一样，除了他们自己的意愿外没有任何时间的限制。

B：拥有这一权力的人是谁？[3]

A：有一份印出来的名单。他们人很多，而且大部分都是上院议员，没有必要一个个点出他们的名字；因为在我看来，说出

---

[1] 在克拉伦登出版社 2010 年版中，没有以下这几句话："回答如下：'陛下认真地考虑了这份请愿书，并渴望表达他是如何愿意给出改进的办法，不仅仅是解除你们的危险，而且还消除你们的疑虑和恐惧，所以他给出这样的答复……'"

[2] 本段的"你们"，在克拉伦登出版社 2010 年版中均为"他们"。

[3] 在克拉伦登出版社 2010 年版中，此处为："应该拥有这一权力的是谁？"

他们的名字是在他们身上烙上了不忠或愚蠢的印记。他们列好了这份名单,连同一份新的关于民兵组织的请愿书送去给国王。此后不久,他们给陛下写信,请求他将〔威尔士〕亲王留在汉普顿宫。但国王两件事情都没有同意。

B:不管怎样,在国王离开他们之前,他们尽其所能,成功地得到了他的人质。

A:在这期间,为了筹集削弱爱尔兰的经费,议会鼓励人们以风险投资的方式来挣钱,并做出以下提议:1. 爱尔兰250万英亩的土地以如下的比例划归投资者:投资200英镑,可获得阿尔斯特(Ulster)1000英亩土地;投资300英镑,可获得康诺特(Connaught)1000英亩土地;投资450英镑,可获得芒斯特(Munster)1000英亩土地;投资600英镑,可获得伦斯特(Leinster)1000英亩土地。以上土地都将根据英制单位,包括草地、耕地和水草丰美的牧场,沼泽、森林和荒山则刨除在外。2. 为国王保留一部分税收,从每英亩土地抽税1至3便士。3. 建造庄园,处置荒地和公共用地,供养布道的牧师,创建公司,以及归置种植园,均应得到议会的授权。其余的都只是关于投资者认购次数和认购方式的提议。陛下同意了这些提议;但对关于民兵的请愿书,则予以否决。

B:如果他没有拒绝,我才会觉得奇怪呢。议会此后做了什么?

A:国王在去往约克的途中,停留在西奥博尔德庄园(Theobald's),当时他们递交给他另一份请愿书。其中,他们明白地告诉他，除非他乐意通过当时受派而来的信使让他们确信，他将很快同意满足他们的上述愿望，否则，为了陛下和他的王国的安全，他们将被迫以两院的权威解散民兵组织，等等。他们还请求陛下允许〔威尔士〕亲王留在圣詹姆斯宫（St. James's）或者伦敦附近国王的其他宅邸内。他们还告诉他，未经议会授权和同意，组建、命令、解散民兵组织的权力不能赋予任何团体；而王国中那些处于防御状态的地区，不过是在两院的指引下做了本王国的法律所认为正当的事情。

B：国王做出了什么回复？[1]

A：在议会认同的诸位官员的领导下，他们将自己武装起来。4. 他们投票议决再次请求陛下让〔威尔士〕亲王继续待在伦敦附近。最后，他们投票通过了一份由两院递交陛下的声明。在声明中，他们谴责陛下计划改变宗教，尽管没有直接指向他，而是指向那些建议他的人；他们还指控了那些引发和煽动苏格兰战争的人，还有在爱尔兰制造叛乱的人；再一次谴责国王指控了金博尔顿勋爵以及五名下议院成员；还谴责国王组建这支军队原本是为了对付苏格兰人，却被用来反对议会，而他对此也知情。国王在纽马基特（Newmarket）对此做出了回复。接着两院决定，在这种极端危险的情况下，即使陛下拒绝承认，依据王国的基本法，两院一致通过的民兵法令仍可以约束所有人民；而且，任何想要以郡最

---

[1] 在克拉伦登出版社 2010 年版中，此处多出两段："B：他直接给予了否定，不仅否定了民兵组织，还有亲王留在伦敦的提议。之后，他们投票表决如下：1.陛下的回答是对民兵组织的否决。2.那些建议陛下做出如此答复的人是国家的敌人。3.王国之中已进入防御状态的那些地区，它们的所作所为可以被证明是正义的。A：他们所说的防御状态是什么？"

高军事长官之名义对民兵组织行使权力的人,如果没有得到议会两院的同意,都将被看作是对王国和平的扰乱者。接着陛下在亨廷顿(Huntingdon)向议会两院送去一封信,要求他们服从既有的法律,禁止所有臣民以他们的法令为借口对民兵组织做出任何既有法律所不允许的事情。对此,议会又投票决定坚持此前的决议,也就是:作为王国最高司法机构的议会,当它的上下两院宣布国内法之时,如果对此提出质疑甚而反对,就是对议会特权的严重侵犯。

B:我认为应该由制定法律的人宣布法律是什么。因为,制定一项法律,除了宣布它是什么而外,还能是什么呢?所以他们从国王那里已剥夺的不仅仅是民兵组织,还有立法权。

A:他们是做了这些。但我这样来解释,立法权,实际上还有所有可能的权力,都包括在对民兵组织的权力中。接下来,他们用吨税和磅税议案以及津贴议案夺取了应归于陛下的钱,尽其所能地削弱他。在他去约克之后,他们还递交给他许多其他傲慢无礼的信件和请愿书。其中一份是这样说的:"鉴于海军大臣(Lord Admiral)因身体不适,不能亲自调遣舰队,他将乐意让权给沃里克伯爵(Earl of Warwick)以接替自己的职位。"而他们知道国王此前已让约翰·彭宁顿爵士(Sir John Pennington)顶替这一职位。

B:当国王已无从选择而只能眼睁睁地看着他们决意剥夺他的王权和生命的时候,他还不厌其烦地与如此多的请愿书、信件、声明和抗议周旋,并给予回复,其目的是什么呢?毕竟,在他们对他造成了这么多伤害之后,如果还让他或者他的子女活命,他们就不能保证自己的安全了。

A：此外，议会同时在约克安插了一个委员会，负责刺探陛下的行踪，向议会通风报信，并阻挠国王获得该郡民众对自己党派的支持。所以，当陛下忙于取悦当地乡绅之时，这个委员会正在鼓动自耕农反对他。[1] 对此，牧师们出力很多。于是，国王在约克丧失了自己的机会。

B：国王为什么不把这个委员会抓起来，或者将其逐出城去？

A：我不知道。但我认为，他知道不仅在约克郡而且在约克镇，议会都有比他更多的党羽。快到〔1642 年〕4 月底的时候，国王应约克郡人民的请求，让赫尔（Hull）的军火库保留在原地。他认为，为更加确保北方地区的安全，应该将军火库控制在自己手中。此前不久，他曾任命纽卡斯尔伯爵（Earl of Newcastle）为该城执政官。但受到议会腐化的市民们不接受他，而是接受了议会任命的执政官约翰·霍瑟姆爵士（Sir John Hotham）。为此，国王仅在自己的仆人和附近乡村的几位乡绅的护卫下亲临此城，却被站在城墙上的约翰·霍瑟姆爵士拒之城门外。因为这一举动，国王不久就使约翰·霍瑟姆爵士被宣判为叛国者，并向议会送去信件，要求他们在霍瑟姆事件上伸张正义，并提出该城及军火库应该移交到他的手中。对此，议会没有给出回复，而是发表了另一份声明。在声明中，他们没有漏掉任何他们以前对陛下统治的诽谤，而且添加了关于他们自己声称拥有的权利的条款：1. 他们宣布的任何法律都不应该

---

[1] 据克拉伦登出版社 2010 年版第 242 页注 117 的考证，霍布斯此处记述有误：在下文赫尔城事件之后，1642 年 5 月 5 日，委员会才设立。5 月 8 日，委员会前往约克。

受到国王的质疑。2. 任何先例都不能约束他们今后的诉讼。3. 一届议会可以为了公共利益，处理国王或臣民权利所系的任何事情。而他们，也就是本届议会（而不是国王），才是公共利益的判定者，而且国王的同意不是必需的。4. 两院的任何成员都不应受叛国罪、刑事重罪或者其他犯罪的困扰，除非诉讼案首先是在议会被提起的。如果他们认为有理由的话，可以判断是非并且让诉讼案继续下去。5. 主权权力属于两院，而国王不该有否定意见。6. 征召军队反对国王的个人命令（虽然他牵涉其中），并不是要发动战争反对国王；但是，发动战争反对国王的法律和权威（对此他们有权宣布和说明）[1]，尽管不是针对他个人，却是发动战争反对国王。除非他得到了王国的信任，并不负信任尽职尽责，否则对他个人犯下的罪行不能算叛国罪；而他们有权力来判断他是否有负信任。[2] 7. 他们在愿意的时候，可以废黜国王。

B：这是直截了当而无虚饰的做派。伦敦城能容忍吗？

A：是的。如果需要的话，甚至能容忍更多。你知道，伦敦有一个巨大的肚子，但没有分辨正确和错误的味觉或品味。在亨利四世时期的议会案卷（Parliament-roll）中，国王在加冕礼上所说的誓言条款中，有这样一条："你要容许保留广大人民已选择的法律和习俗；并承诺，为了上帝的荣誉，你要亲自保护和捍卫它们。"[3]

---

[1] 在克拉伦登出版社 2010 年版中，此处为"但是，发动战争反对国王的政治人格（politic person），亦即他的法律等"。

[2] 在克拉伦登出版社 2010 年版中，"除非他得到了王国的信任……"为第 7 条，下一条为第 8 条。

[3] 原文此处为拉丁文："Concedes justas leges et consuetudines esse tenendas; et promittes per te eas esse protegendas, et ad honorem Dei corroborandas, quas vulgus elegerit."

由于议会极力争取他们的立法权威,所以将"人民已选择的"(quas vulgus elegerit)解释成"人民要选择的";就好像国王应在法律制定出来之前发誓捍卫和支持它们一样,不论其好坏。但这些语句没有别的意思,仅仅是表明国王应该捍卫和支持他们已选择的这些法律(也就是当时已经存在的议会法案)。在财政署的案卷中是这样说的:"你会答应遵守和坚持你的王国中的平民所拥有的法律和合法的习俗吗?你将捍卫并维护它们吗?等等。"而这些话就是陛下对这一观点的回答。

B:我认为这一回答完整而清晰。但如果这些词句被阐释成其他意思,那我就看不出国王为何必须对它们发誓了。因为亨利四世是通过议会的投票而戴上王冠的,而那一届议会在邪恶程度上并不逊色于本届长期议会。尽管如此,杀害国王理查二世(King Richard II)的并不是当时的议会,而是篡权者〔亨利四世〕;而长期议会却废黜并杀害了他们合法的国王。

A:大概一周之后,在5月初,议会向国王递交了另一份文件,他们将其称为两院的谦卑请愿和建议,共包含十九条建议[1]。当你听到这些时,你就能判断出他们愿意留给国王的权力会比留给他的任何一个臣民的多多少。

1.清退陛下的枢密院顾问官,解除国家所有高级官员[2]在国内外的任职,仅保留两院所一致认可的人。未经两院批准,不得任

---

1 霍布斯此处记述有误:上下议院在1642年6月1日向国王递交了十九条建议,国王于6月2日否决。
2 在克拉伦登出版社2010年版中,此处为"所有高级官员和大臣"。

命任何接替他们的职位。所有枢密院顾问官都应发誓以两院同意的方式履行他们的职责。

2. 国家的重大事务都只能在议会里辩论、决定和处理。有人要是擅自做了任何与此相悖的事情，议会将保留对其进行问责的权利。国家中其他应由陛下的枢密院讨论的事务，应该时常由议会两院选出合适的人员来进行讨论和做出决断。任何关乎应由陛下的枢密院负责的王国事务的公共法案，都不应该因其出自王室权威而被认为具有法律效力，除非在枢密院多数人的建议和同意下（他们还应举起手来发誓）。而枢密院顾问官的人数不能多于25人，也不能少于15人。在议会休会期间，当一个枢密院顾问官的职位出现空缺时，须在枢密院多数人的同意下予以增补。而如果下一届议会没有承认这一人选的话，这一选任将被视为无效。

3. 英格兰贵族审判法庭庭长（Lord High Steward of England）、皇家军事总长（Lord High Constable）、大法官、掌玺大臣（Lord Keeper of the Great Seal）、王室财政官（Lord Treasurer）[1]、玉玺掌管大臣（Lord Privy-Seal）[2]、王室典礼官（Earl Marshal）、海军大臣、五港总督（Warden of the Cinque Ports）、爱尔兰总督（Chief Governor of Ireland）、财政大臣（Chancellor of the Exchequer）、王室监护法庭法官（Master of the Wards）、国务大臣（Secretaries of State）、两

---

[1] 王室财务官（Lord Treasurer），起初为一个人，现代包括多个成员。其中，首相拥有"财政部第一主人"（First Lord of the Treasury）的头衔。此外还有财政大臣（Chancellor of Exchequer）、财政部秘书长（Chief Secretary to the Treasury）、财政部议会大臣（Parliamentary Secretary to the Treasury）等。

[2] 这一官职主要掌管君主私人印章（小玺），也被称作 Lord Keeper of the Privy Seal 或 Lord Keeper。

位首席大法官（Chief Justice）和财税法庭首席法官（Chief Baron）的选任，每次都应得到议会两院的批准。在议会休会期间，人选须得到枢密院中多数人的同意。

4. 对国王子女的管理，应该交给得到两院同意的人选。而在议会休会期间，人选应得到枢密院的同意。当时侍奉他们左右的仆人，如果正好是两院所反对的人，应该被清退。

5. 没有议会的同意，国王的任何子女都不能缔结或论及婚姻。

6. 已经生效的反对耶稣会士、教士和不尊奉国教的天主教徒（popish recusants）的法律应严格执行。

7. 应剥夺信仰天主教的贵族院议员的投票权，并通过一项对天主教徒的子女进行新教教育的议案。

8. 国王应乐于按照议会两院建议的方式改革教政体制和礼拜仪式。

9. 国王应该对由上下两院号令民兵组织的处置方式感到满意，并收回他所发布的与此决定相反的公告和声明。

10. 自从本届议会召开以来被解职的那些成员，应该恢复原职或者给予让他们满意的安排。

11. 所有枢密院成员和法官发誓（其形式应由议会法案议定并确认）维护《权利请愿书》以及议会所制定的相关成文法。

12. 由议会两院批准任命的所有法官和官员，只要他们品行保持端正（quam diu bene se gesserint），都应一直保有他们的职位。

13. 议会的公正原则将适用于所有违法者，不论他们是在王国内还是逃到了国外。而且所有被上议院或下议院传讯的人，都应

296

出席并接受议会的谴责。

14. 除非在议会两院的建议下,陛下不能施予大赦。

B:这是多么恶毒的一项条款啊!其他所有条款都是出自野心,甚至许多时候本性善良的人也不免受到野心的驱使;而这一条款则是出自一种无人性的、恶魔般的残忍。

A:15. 堡垒和城堡应交给经国王任命、议会批准的人号令。

16. 取消国王的特殊护卫,而且今后不再设立,除非根据法律,在确有叛乱或外敌入侵的情况下。

B:我认为递交给国王这些建议是一场实实在在的叛乱。

A:17. 陛下与联合省(United Provinces)以及其他邻近的新教君主和国家结成更紧密的联盟。

18. 陛下应乐于通过议会法案还金博尔顿勋爵和其他五名下院议员以清白。通过这样的方式,确保此后历届议会的安全将不会受到此错误先例的威胁。

19. 陛下应乐于通过一项议案,规定未经议会两院许可,此后获封的贵族不得出席议会,或允许出席议会但不得在议会中投票。

如果国王允许这些提案,他们将保证尽其所能地以陛下最获益的方式调整他的财政收入,以此来维护王室在荣誉和财富上的尊严,并将赫尔市交到由国王任命且议会同意的人手中。

B:交到那些由陛下任命且请愿者同意的人手中,那不就是跟任其掌握在他们手中一样吗?难道他们缺乏常识,或是认为国王缺乏常识,所以没有察觉到他们在这里的诺言一文不值吗?

A:在议会递交了这些建议,陛下拒绝予以批准后,双方开始备战。国王在约克郡组建了一支护卫队来保护他的人身安全。议会随即投票认为国王想要对他们开战，下令集合并训练武装起来的人们，并公开发表倡议，恳请和鼓励人们交出现款或金银器，或是签字承诺为了保卫国王（所谓国王，像他们之前所宣称的，指的不是他本人，而是他的法律）和议会，提供并养护一定数量的马匹、骑兵和武器。议会又承诺以每100英镑本金付8英镑利息的方式偿还他们的钱，金银器的价值则以每盎司12便士计算。另一方面，国王到了诺丁汉（Nottingham），并在那里树立起他的王室大旗，发出民兵召集令（commissions of array），以召唤那些根据英格兰的古老法律必须在战争中为他效力的人。在此形势下，国王和议会之间就此召集令的合法性互递了好几次声明，现在告诉你这些就太冗长了。

298

B：我也不想听到任何关于这一问题的辩论。因为我认为人民福祉的普遍法则，以及反抗那些剥夺了他的主权权力的人的自卫权利，已经足够证明国王为了恢复他的王国或是惩罚这些叛乱者所做的任何事情的合法性了。

A：在此期间，议会组建了一支军队，让埃塞克斯伯爵做将军。他们以这一行动表明了先前向国王请愿时所说的由埃塞克斯伯爵号令一支护卫队是什么意思。此时，国王发出公告，禁止人们服从议会关于民兵组织的命令；议会则发出命令，反对执行国王的民兵召集令。到目前为止，尽管一场战争即将开始，但还没有流血；他们仅仅用公文相互射击。

B：现在我明白了，议会如何破坏了王国的和平；而且，在煽动叛乱的长老会牧师以及野心勃勃且粗鲁无礼的演说家的帮助下,他们如何轻易地削弱政府,使之陷入混乱状态。但我相信,对于他们来说,要重建和平并确立政权或政体(不论是由他们自己执掌,还是由其他任何统治者执掌),则是一项更艰巨的任务。因为,假如他们在这场战争中获胜,他们必然将胜利归功于军队指挥者(这些人获得了前者交付的军队指挥权)的勇敢、良好指挥或好运,尤其会归功于将军,而他的胜利无疑将博得士兵们的爱戴和崇拜。由此,将军将有权力自己组建政府,或者是在他认为合适的地方来组建政府。在这一情形下,如果将军不这样做,那他将被认为是一个傻瓜;如果他这样做了,那他肯定会招致下属指挥官的嫉妒,他们想要在现任政府或者继任政府中分享权力。因为他们会说:"没有我们冒着危险,没有我们的勇敢和建议,他靠自己能获得权力吗?为什么我们必须做他的奴隶?他是被我们捧起来的。或者,我们反对他与他反对国王难道不是一样正义的吗?"

A:他们会这样做,并且也这样做了。就此而言,这就是克伦威尔在以护国主的名义攫取了英格兰、苏格兰和爱尔兰的绝对权力后,从不敢给自己加上国王的头衔,也从来没能将这一头衔加给他的后代的原因。他的军官们不会容忍他这样做,因为他们在他死后宣称继承他;军队也不会赞成克伦威尔这样做,因为他曾对他们宣称要反对独夫的统治。

B:回过头来讲国王。他有什么钱财来支付和武装(也就是征召)一支足以抵抗议会的军队呢?议会的军队由伦敦城的巨额钱财和英格兰几乎所有自治市镇的捐赠提供给养,并按议会的要求尽可能地装备武器。

A：就是这样，国王的境况极为不利，然而渐渐地他拥有了一支相当强大的军队。有了这支军队，他一天天地强大起来，而议会则越来越弱，直到他们让一支 21,000 人的苏格兰军队进入英格兰帮助他们。但我现在没有时间进入到对战争的具体叙说了。

B：那好，我们下次见面时再谈吧。

第三部分

BEHEMOTH
PART 3

B：上回我们说到双方为战争所做的准备。当我自己思量这些的时候，我困惑地发现，在这个过程中国王有可能与议会相匹敌，国王有希望获得金钱、人力、武器、防御工事、船舶、参谋和指挥将领，足以实施一项反议会的计划。议会在伦敦城和其他自治城镇的支持下拥有任其号令的人和钱，这些城镇可以提供的比他们需要的还要多。而那些他们送去当兵的人，几乎全都恶意地反对国王和他的整个党派，认为后者或者是天主教徒，或者是国王的奉承者，或者是计划通过劫掠伦敦城和其他自治城镇来聚敛财富的人。虽然我不相信他们比其他人更勇敢，也不相信他们拥有足够多的战争经验可以被算作好士兵；但他们自身拥有着在战斗中比勇敢和经验加在一起更有利于胜利的东西，这就是怨恨。

至于武器，他们手中拥有存放在好几个镇的、为训练有素的队伍所准备的几乎所有火药和子弹，此外他们还控制着主要的军火库、伦敦塔，以及赫尔河畔金士顿市。

至于防御工事，当时在英格兰并不多，其中大多数掌握在议会手中。

国王的舰队完全在他们的掌控之下,听从沃里克伯爵的号令。

至于参谋,只要是他们自己的人就行。

所以,除了在军事将领上,国王可能在各方面都不及他们。

A:我无法比较他们的总指挥。在议会一边,埃塞克斯伯爵在议会投票决定开战之后,便当上了他们所有军队的将军,包括在英格兰和爱尔兰,其他所有的指挥官都将从他那里接受指令。

B:是什么促使他们让埃塞克斯伯爵出任将军的?又是出于什么原因埃塞克斯伯爵对国王如此不满,以致接受了这一官职?

A:我并不确切地知道怎么回答这些问题。但埃塞克斯伯爵曾在国外作战,要完成这一任务,他既不缺乏经验、判断力,也不缺乏勇气。此外,我相信你曾听说,在他之前他的父亲如何受到人们的爱戴,并因其在加的斯的事业[1]以及其他一些军事行动中的胜利而获得了多么大的荣耀。对此我想补充一点,人们并不认为伯爵本人很得宫廷的赏识,如果真得赏识的话,他们就不会把对抗国王的军队交给他了。由此,你也许可以猜到议会选择他做将军的原因了。

B:但是,他们为什么会认为他对宫廷不满呢?

A:这我不知道。实际上他也未必如此。当有机会的时候,他也像其他贵族一样去宫廷伺候国王;但他一直没有得到官职(直到此前不久才得到),这迫使他没有理由持续待在宫廷。我深信,

---

[1] 此处指1596年埃塞克斯伯爵三世对加的斯的袭击。

婚姻的不幸妨碍了他与贵妇们的交往，宫廷成了不适合他的地方，除非他在其中得到了意想不到的青睐以平衡他的不幸。而我认为，他对国王没有特别的不满，没有对假想的失宠进行报复的企图，也没有以任何方式沉迷于长老会教派的学说，或沉迷于教会和国家的其他狂热教条。他接受此任职的原因只能是，他在某种意义上受席卷整个国家的潮流的影响，认为英格兰奉行的不是绝对君主制，而是混合君主制；认为最高权力不论是在国王还是在议会手中，都不应该总是绝对的。

B：谁是国王军队的将军？

A：除了国王本人没有其他人，实际上他还没有军队呢。不过，当时他的两个侄子，鲁珀特亲王[1]和莫里斯亲王[2]，前来投靠他。他将号令骑兵的权力交给鲁珀特亲王。世上没有任何人能有鲁珀特亲王那样的勇气，也没有人能像他那样积极而勤奋地履行国王委任给他的职责。虽然他当时很年轻，但对于指挥士兵并不缺乏经验，因为他曾参与了其父在德意志的战争。

B：但是，国王如何筹到资金来支付给他抵抗议会所必需的军队呢？

A：当时国王和议会手中都没有多少钱，双方都只能依靠各自阵营里的人的捐助。我承认，议会在这一点上占有很大优势。帮助国王的只有那些不赞同议会行径的贵族和乡绅，他们每个人

---

1 鲁珀特亲王（Prince Rupert，1619—1682），是英国内战时期最有才华的保王派指挥官。其父是普法尔茨领地选侯腓特烈五世，母亲是英王詹姆斯一世之女伊丽莎白。
2 莫里斯亲王（Prince Maurice，1620—1652），是腓特烈五世和英王詹姆斯一世之女伊丽莎白的第四个儿子。

愿意承担一定数量骑兵的费用。这不能被看作是什么巨大的帮助，而且真正为骑兵付了钱的人还如此之少。至于国王当时获得的其他的钱，除了他以珠宝作抵押向低地国家借的钱外，我没有听说过还有其他的钱。然而，议会却获得了非常富足的捐赠，不仅仅来自伦敦城，而且还广泛地来自他们在英格兰各地的党羽。上、下院议员在1642年6月（那时他们才刚刚投票认定国王企图向他们开战）发表了一些提案，号召人们捐出钱或者金银器来供养马匹和骑兵，购买武器以维护公共和平，同时也是为了保卫国王和议会两院。要偿还这些钱和金银器，他们要有公众的信任。

B：当没有公众的时候，什么是公众信任呢？在内战中，没有了国王，谁可以被称作公众呢？

A：事实是，安全一文不值，仅仅是用来欺骗那些意图反叛的笨蛋的，他们喜欢变化胜于他们的和平或利益。

以这一方式从同情他们事业的人那里获得捐助之后，他们后来又用这一方式强迫其他人给予类似的捐赠。因为，在接下来的11月，他们下令向那些还未捐助的人或是那些已经捐助但与其财产相比捐助太少的人征税。然而，此举与议会在他们提案中所承诺和宣称的背道而驰。他们在〔6月的〕第一项提案中宣称，不能以任何人捐助的份额来衡量其对议会的感情，因为不论份额大小，所表达的都是为议会效劳的良好意愿。

除此而外，在接下来的〔1643年〕3月初，他们又发布了一道命令，在英格兰按周对各郡、各市、各镇等地方上每一个有财产的人征税。根据两院下令于 1642 年 3 月[1] 刊印并颁布的法令,每周征税的总额接近 33,000 英镑,而全年加起来就超过了 170 万英镑。除了以上这些,国王在所有土地和森林上的获利,以及所有先前答应他而未付的津贴,还有通常由国王获得的吨税和磅税,他们也将其据为己有。在其后一年或稍长的时间内,他们将因扣押那些大人物(这些人被他们随意投票表决为违法者)的财产而获得的利益,以及主教领地的利润,同样据为己有。

B:由于当时议会在资金、武器以及人数方面都优于国王,手中还掌握了国王的舰队,我无法想象国王还能有什么希望,不论是获得胜利,还是生存下去,除非他把主权拱手让给他们。我也无法相信,不论是在参谋、指挥官,还是士兵的决心方面,国王相比于他们能有任何有利之处。

A:恰恰相反,我认为国王在其中还有一些不利因素;因为,虽然他当时至少还拥有与为议会效劳的同样好的军官,但我怀疑他没有得到有用的建议,而这是必不可少的。至于他的士兵们,虽然与议会的一样强壮,但由于他们的勇敢不像对方那样被怨恨打磨得很锋利,所以他们也就不会像他们的敌人那样激烈地战斗。在敌人的士兵中有许多伦敦的学徒,由于缺乏战斗的经验,肯定会害怕被明晃晃的剑刺死或刺伤。然而由于缺乏判断力,他们几乎料想不到会被看不见的子弹杀死,所以很难被驱逐出战场。

B:但在您看来,国王的参谋、贵族以及其他有能力、有经

---

[1] 根据上下文内容以及克拉伦登出版社 2010 年版推断,此处时间应为 1643 年 3 月。

验的人有什么过错吗？

A：唯一的过错就是，他们认为英格兰政府奉行的不是绝对君主制，而是混合君主制，这一看法在整个国家中普遍存在。如果国王想彻底压制议会，那他要能拥有任何他想要的权力，而他们的权力则要像他期望的那样弱小；而他们将这当作暴政。当一场战斗在所难免时，尽管这一观点没有减弱他们在战场上为国王夺得胜利的努力，但减弱了他们在战争中设法为他取得绝对胜利的努力。出于这一原因，尽管他们看到议会决心将所有王权从国王手中夺走，他们给国王提供的建议是，利用一切机会向议会提出缔结条约与和解，制订并公布双方的声明。任何人都能预见到这是毫无意义的；不仅如此，他们的建议对于国王恢复王权和保全性命的行动还非常不利。因为，这些建议严重挫伤了那些冲锋在前的优秀士兵的勇气。如果他们能够制服敌人的话，他们想通过战斗从反叛者的财产中获利；但如果这件事以一纸条约而告终的话，他们就什么也得不到了。

B：他们确有理由，因为没有双方最勇猛的战士的牺牲，一场内战从来不会以条约而告终。您非常清楚古罗马的奥古斯都和安东尼和解时发生了什么。但我认为，一旦他们开始招募士兵相互对抗，其中任何一方就再也无法回到宣言战或者其他形式的公文战。如果那有效的话，早就该起效了。

A：但议会不断地书写宣言，并将它们发放给人们，以反对国王民兵召集令的合法性，又向国王递交他们所写的请愿书（像以往他写的请愿书一样凶恶和叛逆），要求他解散士兵，靠拢议会，将他们口中的违法者（这些都是国王最好的臣民）交给他们处置，还通过了他们应征询国王意见的议案，发布非法命令招募士兵以反对国王：有鉴于此，你难道不让国王发表针锋相对的宣言和公告吗？难道不让国王回应他们无礼的请愿书吗？

B：是的。这些以前没有给他带来任何好处，因此以后也不太可能给他带来什么好处。普通民众对于双方的理由都不理解，而他们的选择将决定这一争端的结果。至于那些出于野心而将改变政府确立为自己事业的人，他们并不十分关心这一事件中的理由和正义，而只关心通过引导民众进行抗议，或是在教堂里布道，他们能从议会那博得什么样的权力。对于他们的请愿，我根本得不出比下述更多的回答：如果他们愿意解散军队，并将自己交由陛下处置，他们将发现他比他们所期望的要仁慈得多。

A：如果国王是在打了一场出人意料的胜仗之后，或者是在对整个战争能取胜有了超乎寻常的把握之后这样说的话，这确实是一个漂亮的回答。

B：为什么呀，对于国王来说还有什么比长久地受苦更糟的吗，尽管他给出了有礼的回答和所有合理的宣言？

A：没有其他的了，但谁知道呢？

B：任何人都可能看出，不取得胜利，权利是绝不可能回到国王手中的。而他的坚毅若能广为人知，这将使更多的人愿意帮助他，远远超过在宣言和其他文书中所表达的法律论证或雄辩的力量到目前为止所能达到的效果。然而，我很好奇是什么人妨碍国王下这样的决心。

A：这些宣言篇幅都很长，且大量地引用了档案和以往报道的事例。通过它们你可以知道，那些打笔墨战的人，或是专职律师，或是被认为有律师抱负的那些绅士们。此外，我以前告诉过你，当时在这一行业中最有可能被征求意见的人，既反对绝对君主制，也反对绝对的民主制或贵族制，所有这样的政府都被他们看作是暴政。他们喜爱他们通常所赞誉的混合君主制，虽然那只不过是纯粹的无政府。如果我没有搞错的话，国王在这些关于法律和政治的争论中最经常使用的笔杆子，曾是这届议会的成员。他们抨击过船税和其他任何不是由议会征收的税；但是，当他们看见议会的要求越来越高，超过了他们所能接受的程度时，就转而支持国王一派。

B：这些人是谁？

A：既然现在所有方面的错误都已经被原谅了[1]，就没有必要说出任何人的名字了；因为我只是简短叙述这件麻烦事中的愚蠢行径和其他错误，而不是通过点出这些人的名字，给你或者任何其他人以看低他们的机会。

B：当此事上升到双方招募士兵，夺取海军、武器和其他供给这一高度之时，没有人会瞎到看不出他们已经处于彼此对抗的战争状态了。国王为什么不行使他确定无疑的权利，通过公告或者通知解散议会？这将在某种程度上削弱他们征兵以及发布其他不正当命令的权威。

---

1 这里指的是查理二世于1660年颁布的《自由与普遍的原谅、赔偿和赦免法案》（An Act of Free and General Pardon, Indemnity, and Oblivion）。

A：你忘记了我曾告诉过你，在签署处决斯特拉福德伯爵议案的同时，国王亲自签署了一个议案，赋予议会继续召开的权力，直到两院一致同意解散议会。因此，如果国王再以公告或通知的形式解散他们，他们就会在先前对陛下行为的诽谤中又加上一条，那就是他不遵守自己的诺言。议会还会藐视国王、延续会期，并利用此事来扩充和加强他们自己的党派。

B：国王组建一支军队来反对他们，不会被阐释为有意用武力解散他们吗？以武力驱散他们，难道不是与用公告解散他们一样是对其诺言的极大违背吗？此外，我无法想象那一法案的通过是国王计划好的而不是有限定条件的。法案的通过是以他们不能发出任何与国王的主权权利相反的命令为条件的，而他们下达的许多命令已经违背了这一条件。我认为，即使是出于衡平法（这是不可改变的自然法），一个拥有主权权力的人也不能（即使他愿意）放弃任何对于保持他对臣民的良好统治所必需的权利；除非他明确地表示说，他将不再拥有主权权力。因为，我认为放弃主权权力（结果主权也卷入其中），不是对主权的放弃，而只能是一个错误，就像什么也不做，不过是让应允自身变得无效。而这正像国王通过这项议案让两院按自己的意愿延续议会。但既然双方决定开战，还需要更多的公文战吗？

A：我不知道他们需要什么。但双方都认为有必要尽其所能地阻挠对方招募士兵。所以国王确实刊印了宣言，让人们知道他们不应该听命于依议会命令所设立的新民兵组织的军官，也让他们明白自己的民兵召集令是合法的。议会这边也做了类似的事情，向人们证明上述议会命令是正当的,而国王的民兵召集令看起来是不合法的。

B:当议会在招募士兵的时候,国王招募士兵来保卫他和他的权利,这难道是不合法的吗?虽然除了保全他本人外没有任何其他的名目,但过去从来没有听说过民兵召集令这一名称。

A:在我看来,再没有比捍卫个人权利更好的战争名义了。但当时人们认为国王所做的一切事情没有一件是合法的,因为议会没有为国王制定这样的成文法。法学家们——我说的是威斯敏斯特法庭的法官们,还有少数辩护律师,因其在英格兰普通法和成文法方面的娴熟技巧而声名远扬——以他们的准则和不审而判的案件影响了英格兰所有的绅士,他们将这些案例称作先例。这让他们自恃如此精通法律方面的知识,以至于非常想借此机会施展才学来反对国王,并在议会中赢得优秀的爱国者和明智的政治家的名声。

B:什么是民兵召集令呢?

A:"征服者"威廉一世国王凭借胜利将英格兰所有的土地都收归自己手中,他将其中一部分当作供他消遣的森林和猎场,一部分分给那些帮助过他或者即将在战争中给予他帮助的贵族和乡绅。基于此,他们有义务在战争中为他效劳。根据他给予他们土地的多少,他们须为国王提供或多或少的兵力。因此,当国王派人去让他们效劳时,他们有义务武装起来,在一定时间内陪同国王作战,并且自己负担费用。而这就是国王当时发出的民兵召集令。

B:那么,这为什么是不合法的呢?

A：这无疑是合法的。但对那些人来说，这能算作什么呢？他们认定法律上不存在任何约束，能对他们废除君主制以及在下议院确立独立而绝对的专断权力之计划构成妨碍。

B：消灭君主制和树立下议院的权力是两码事。

A：他们最后发现是这么回事，但当时并不这么认为。

B：现在让我们来看看军事方面。

A：我只打算关注他们非正义、粗鲁和伪善的事迹，所以，关于战争的进展，我建议你参考用英文详细记录的历史。我将仅仅把这当作串联我在他们的行动中所观察到的流氓和愚蠢行径的一条必要线索。

国王从约克去了赫尔，那里是他在英格兰北部的军火库，他想试试他们〔议会〕是否允许他进城。议会让约翰·霍瑟姆爵士做这个市的执政官，他让人关上城门，自己站在城墙上断然拒绝国王入城。国王为此将其宣判为叛国者，并写信给议会，问他们是否承认这一行为[1]。

B：他们基于什么理由？

A：他们声称：不仅这一个，而且英格兰其他任何市镇，都不是国王的，而是国王受英格兰人民的委托代管的。

B：但这与议会有何相干？[2]

A：有关。他们说，因为我们是英格兰人民的代表。

B：我看不出这一论证有何说服力：我们代表人民，因此，

---

1 在克拉伦登出版社 2010 年版中，此处多出一句："他们承认了。"
2 在克拉伦登出版社 2010 年版中，此处多出"因此这个市就是他们的吗"。

人民所拥有的一切就都是我们的了。赫尔市的市长代表的是国王，是不是因此国王在赫尔拥有的所有东西都是市长的了呢？英格兰人民可以被有限地代表，例如递交请愿书或者类似的事情。这是否能得出结论，即那些递交请愿书的人有权拥有英格兰所有的市镇呢？本届议会是在什么时候成为英格兰的代表的？不是在 1640 年 11 月 3 日吗？那谁有权利在前一天，也就是 11 月 2 日，不让国王进入赫尔市，并且将赫尔据为己有呢？当时议会还没有召开，那赫尔市又属于谁呢？

A：我认为它属于国王，不仅因为它被称作赫尔河畔国王的城市（King's town upon Hull），还因为国王本人在当时是，并且从来都是英格兰人民的代表。如果他不是，那议会还不存在的时候，有谁是呢？

B：他们可能会说，人民那时没有代表。

A：那也就没有共和国。而结果就是，英格兰所有的市镇都是人民的，你、我以及其他任何人都可能分享。[1] 由此你可以看到，人民是多么软弱啊，他们被议会的这些推理裹挟到反叛之中；而用这些谬误来影响他们的人是多么厚颜无耻啊。

B：他们被选为议会的成员，无疑被认为是英格兰最明智的人。

A：那些选择他们的人是否也被认为是英格兰最明智的人？

---

[1] 在霍布斯的国家理论中，代表的形成和国家的形成是同一个过程。人民通过让渡权利形成了主权权力，又通过授权选定主权者，而这一主权者也正是人民的全权代表。因此霍布斯在这里说，如果没有代表就没有共和国。

B：这个我没看出来。因为通常是各郡的自耕农和各市镇的商人选择了他们，他们极尽可能地吝啬，最反对给予国王津贴。

A：国王对赫尔发出召集令，并在〔1642年〕8月初试探了附近几个郡，看看他们能为他做什么，此后，他在诺丁汉立起他的王旗。但到那里去的人不够多，无法组建一支迎战埃塞克斯伯爵的军队。他从诺丁汉去了什鲁斯伯里（Shrewsbury），在那里迅速武装起来，并任命林赛伯爵（Earl of Lindsey）为将军，他决定进军伦敦。当时，埃塞克斯伯爵正带着议会军在伍斯特（Worcester），他没有半路拦截国王，而是在国王刚经过时便紧随其后。

于是，为免遭埃塞克斯伯爵的军队与伦敦城的夹击，国王掉头向埃塞克斯伯爵发起进攻，与之在艾吉希尔（Edgehill）交战。虽然国王在此战中未能取得完全的胜利，但如果说哪一方占优势的话，那么，国王占据了一定的优势，并取得了胜利果实，即继续朝着既定的伦敦方向进发。第二天早上，国王夺取了班伯里城堡（Banbury-castle），并从那里向牛津进发，接着到达布伦特福德（Brentford）。国王在布伦特福德大败议会军的三个团，接着又返回牛津。

B：国王为什么不从布伦特福德继续向前？

A：议会在开始注意到国王从什鲁斯伯里进军的时候，就把所有受过训练的队伍和伦敦城的后备人员——伦敦城是如此恐惧，以至于全城店铺都关闭了——都拉了出来。这样的话就为埃塞克斯伯爵准备了一支几乎完备的人数众多的军队，他悄然潜入伦敦来领导这支军队。这就是国王被迫退回到牛津的原因。在第二年〔1643年〕的2月初,鲁珀特亲王从议会手中夺取了赛伦塞斯特(Cirencester),俘获了许多人并缴获大量武器(因为此处新建了一个军火库),阻挡在国王和议会的最强大兵力之间。议会此时建立了一条沟通伦敦和周边12英里以内郊区的联络线路。议会又组建了一个委员会,负责埃塞克斯郡、剑桥郡、萨福克郡(Suffolk)和其他一些郡的联络以及进入防御状态等事宜。这些委员中有一个是奥利弗·克伦威尔,他从这一任职开始,成就了后来的辉煌。

B:此时国家的其他地区都在做什么?

A:在西部,斯坦福德伯爵(Earl of Stamford)正在执行议会的民兵法令,而拉尔夫·霍普顿爵士(Sir Ralph Hopton)在执行国王的民兵召集令。这两支力量在康沃尔(Cornwall)的利斯卡德(Liskeard)打了一仗,拉尔夫·霍普顿爵士取得了胜利,并紧接着夺取了一个叫作索尔塔什(Saltash)的城镇,获得了大炮在内的大量武器,以及许多俘虏。此时,威廉·沃勒爵士(Sir William Waller)为议会夺取了温切斯特(Winchester)和奇切斯特(Chichester)。在北方,纽卡斯尔勋爵(Lord of Newcastle)[1]支持民兵召集令,而费尔法克斯勋爵(Lord Fairfax)支持议会的民兵法令。纽卡斯尔勋爵从议会手里夺取了塔德卡斯特(Tadcaster),议会在该郡的大部分兵力驻扎在此,他在某种程度上成为整个北方

---

[1] 此处指威廉·卡文迪许(William Cavendish),他在1628年3月7日被詹姆斯一世封为纽卡斯尔伯爵,于1643年10月27日被查理一世封为纽卡斯尔侯爵,又于1665年3月16日被查理二世封为纽卡斯尔公爵。本书中的纽卡斯尔伯爵、纽卡斯尔侯爵均指此人。勋爵是对侯爵、伯爵或子爵的称呼。

的主人。大概在这个时候，也就是在〔1643年〕2月，王后在伯灵顿（Burlington）登陆，并在纽卡斯尔勋爵和蒙特罗斯侯爵（Marquis of Montrose）的引领下去了约克，之后不久去了国王那里。除了这些以外，在北方，国王一派相比议会还拥有若干微弱优势。

在支持议会的布鲁克勋爵（Lord Brooke）和支持国王的诺桑普顿勋爵（Lord of Northampton）的指挥下，议会的民兵和国王在斯塔福德郡（Staffordshire）的兵力之间也发生了激烈的战斗，这两名指挥官在战斗中都被杀死了。布鲁克勋爵在围攻利奇菲尔德圈用地（Litchfield-Close）时，死于一次枪击。尽管如此，议会军一直没有放弃围攻，直到占领了圈用地。但是，紧接着诺桑普顿勋爵又为国王包围了它。威廉·布里尔顿爵士（Sir William Brereton）和约翰·盖尔爵士（Sir John Gell）赶来救援议会军，向利奇菲尔德进发，在霍普顿希思（Hopton Heath）遭遇了诺桑普顿伯爵（Earl of Northampton）[1]，结果被击败。伯爵自己被杀死。但他的军队成功地重新包围了这个地方，接着，在鲁珀特亲王（当时驻在此地外围）的支援下夺取了这一地区。这些是1642年的主要行动。国王一派在这一年的表现并不差。

B：但此时议会拥有了一支更强大的军队。就此而言，如果埃塞克斯伯爵立即追随国王去设防还不坚固的牛津，他完全有可能夺取它。这是因为他既不缺少人手也不缺乏弹药，完全效忠于议会的伦敦城已储藏了足够的弹药。

---

[1] 这里指的是诺桑普顿勋爵。

A：我不能对此做出预测。但考虑到国王第一次从约克出发踏上征程的状况，当时他还不具备足以让他有希望获胜的人力、财力和武器，很明显，这一年总的来说非常成功。

B：而您注意到议会在第一年中有什么愚蠢或恶毒的行动了吗？

A：所有在这一点上能说出来反对他们的，都将以战争为借口而得到原谅，而这些都将归入反叛的名下；因为他们在向任何城镇发出征召时，总是以国王和议会的名义，而国王身处敌对一方的军队中，曾多次击退他们的围攻。我不明白，战争的权利如何能够为如此厚颜无耻的行径正名。当时他们声称国王总是事实上在议会两院一边，他们在他的自然人和政治人之间进行区分，除了愚蠢而外，这还使得他们的厚颜无耻变本加厉。因为这不过是一个大学中的谬论，此举就像男孩们在学校中用狡辩来坚持他们以其他方式无法辩护的原则。

在这一年〔1642年〕的年末，他们还恳求苏格兰军队进入英格兰，以牵制纽卡斯尔伯爵在北方的力量。这等于坦白地承认了议会的军队此时是弱于国王的。而且几乎所有人都认为，如果当时纽卡斯尔伯爵向南进发，与国王的军队会师，那议会大多数成员都将逃离英格兰。

1643年年初，议会看到纽卡斯尔伯爵的力量在北方发展得如此令人畏惧，就派人到苏格兰人那里，出钱让他们进攻英格兰；（同时为了讨好他们）还在英格兰人内部立约，像苏格兰人之前所做的那样，诸如，在整个英格兰反对主教制度，毁坏十字架和绘有圣人形象的教会窗户。[1] 在年中，他们与这一民族结成了庄严的同盟，签订了《庄严同盟与圣约》（Solemn League and Covenant）。

B：难道苏格兰人不该像爱尔兰人那样被恰当地称作外国人吗？因为斯特拉福德伯爵曾建议国王利用爱尔兰的军队抗击议会，议会甚至将他判处了死刑，他们怎么还有脸召集苏格兰的军队来对抗国王呢？

A：国王一派可能很容易地从这里察觉到他们的意图，那就是他们想成为王国的绝对主宰，并废黜国王。他们做的另一件厚颜无耻的事情，或者说野兽般粗野的事，是投票判决王后为卖国贼，因为她用来自荷兰的英国人军队[2]和弹药帮助国王。

B：这一切都做完了，人们还可能看不出文书和声明必定是无用的，除了废黜国王，让自己坐上国王的位子之外，什么也不能使他们满意吗？

A：是的，很有可能。因为他们那些人即使知道国王拥有主权权力，却也知道主权者拥有的根本权利吗？他们梦想一种国王和两院的混合权力。而这是一种分裂的权力，其中不可能存在和平，这超出了他们的理解。所以他们总是督促国王发表声明和签署和约，害怕他们自己会绝对服从国王。这增加了反叛者的希望和勇气，对国王则没有一点好处。因为人们要么不理解，要么懒得费神去研究那些论战文书，而情愿以听从和传递来附和议会在

---

1 改革教派反对崇拜圣人形象，因此主张破坏教堂的彩绘玻璃，这些彩绘玻璃上通常有圣人的形象出现。
2 在克拉伦登出版社2010年版中，此处为"英国军官"。

这一战争中可能会取胜的观点。此外，由于这些文书的执笔人和筹划者先前都是议会的成员，有着不同想法，而现在因无法忍受他们所预期的议院的走向，而从议会中反叛出来，所以人们倾向于认为这些人并不相信他们自己所撰写的文件。

至于军事行动（始于年初的第一、二季度）鲁珀特亲王夺取了伯明翰，此地有一支议会的驻军。此后的7月，国王的军队在迪韦齐斯（Devizes）附近的朗德韦道恩（Roundway-Down）大胜议会军，俘虏了2000人，缴获了4架黄铜大炮、28面军旗，以及他们所有的军需物品。此后不久，布里斯托尔（Bristol）向支持国王的鲁珀特亲王投降。而国王自己向西部挺进，从议会手中夺取了其他许多相当重要的地方。

但国王在包围格洛斯特（Gloucester）时就没那么好运了。当时格洛斯特危在旦夕，此后被赶来的埃塞克斯伯爵所解救。此前，埃塞克斯伯爵的军队曾遭受极大的损耗，而现在却突然得到了伦敦城受过训练的队伍和学徒们的补充。

B：这一事件和历史上其他许多例子似乎说明，在一个大城市中如果没有一两支军队煽动叛乱的话，几乎不可能发动一场威胁巨大而持久的反叛。

A：还有，那些大的首府城市，当反叛者披着委屈抱怨的外衣时，必然需要一个反叛的政党。这是因为那些市民（也就是商人）所抱怨的不过是税收。他们的职业给他们带来私人所得，税收自然而然地成为不共戴天的敌人。他们仅有的荣耀就是以买和卖的智慧发财致富。

B：但通过给较穷困的人安置工作，他们被说成是各行各业中最有益于共和国的。

A：也就是说，让穷人按他们的要价出卖自己的劳动。这样，比起纺纱织布等其他能做的工作，绝大多数穷人通过他们在布莱德威尔[1]的劳动，可以过上相对更好的生活；除了他们的工作会使我们的制造业略微脸上无光。由于他们自身的力量，他们通常是反叛的最先推动者，他们之中的大部分人也因为被支配他们力量的人所欺骗而最先感到懊悔。

现在回到战争。尽管国王从格洛斯特撤出，但并不是从此逃跑，而是为了与埃塞克斯伯爵交战。此后不久双方在纽伯里（Newbury）开战。纽伯里战役很血腥，但国王还没有落到最糟的境地，除非把几天前埃塞克斯伯爵在半路上偷袭赛伦塞斯特也算在内。

在北部和西部，国王比议会有更大的优势。在北部，这一年刚开始的时候，3月29日，纽卡斯尔伯爵和坎伯兰伯爵（Earl of Cumberland）一起在布拉默姆荒原（Bramham Moor）打败了在那些地区为议会指挥军队的费尔法克斯勋爵。这迫使议会加快取得苏格兰的协助。

在接下来的6月，纽卡斯尔伯爵打败了费尔法克斯勋爵的儿子托马斯·费尔法克斯爵士（Sir Thomas Fairfax），并袭向阿德顿希思（Adderton Heath），将他们一直追到布拉德福特（Bradfort），

---

[1] 布莱德威尔（Bridewell），是伦敦的一处建筑物，1553年在皇家宫殿的基础上改建成监狱和医院，目的是惩罚不守秩序的穷人，并为伦敦城中无家可归的孩子们提供住所。

击败并杀死了2000人。第二天夺取该镇，又俘获了2000多人（托马斯爵士本人差一点没能逃脱）以及他们所有的武器和弹药。此外，还迫使费尔法克斯勋爵放弃了哈利法克斯（Halifax）和贝弗利（Beverley）。最后，鲁珀特亲王解除了率7000人支持议会的约翰·梅尔德伦爵士（Sir John Meldrum）对纽瓦克（Newark）的围困。其中，有1000人被杀死，其余的人根据条约被解散，丢弃了他们的武器、行李和辎重。

曼切斯特伯爵（Earl of Manchester，奥利弗·克伦威尔在他手下任陆军中将）在号角城堡（Horncastle）附近对保王党人取得了胜利。他杀死了400人，俘虏了800人，缴获了1000件武器，此后不久，夺取并洗劫了林肯城（city of Lincoln）。这部分抵消了国王此前的胜利。

在西部，5月16日，拉尔夫·霍普顿爵士在康沃尔[1]的斯特拉顿（Stratton）击败议会军，俘虏1700人，缴获13架黄铜大炮，以及他们所有的弹药，总共是70桶火药，还接管了城里其他的军火库。

在兰斯多恩（Landsdown），拉尔夫·霍普顿爵士与威廉·沃勒爵士指挥的议会军之间展开了一场激烈的战斗，双方没有分出明显的胜负。其后，威廉·沃勒爵士紧随拉尔夫·霍普顿爵士到了威尔特郡（Wiltshire）的迪韦齐斯。议会军此时似乎稍占优势，但威廉·沃勒爵士为此付出了代价，因为他在那里被打垮了，这些

---

[1] 在克拉伦登出版社2010年版中，此处为"德文郡（Devonshire）"。

我已经告诉过你。

此后，国王亲自出征西部，夺取了埃克塞特（Exeter）、多切斯特（Dorchester）、巴恩斯特布尔（Barnstable），以及许多其他地方。*323* 而且如果不是他在返回的时候包围格洛斯特给了议会招募新兵的时间，许多人都认为他可能已经击败下议院了。但是，在这一年的年末，局势开始有利于议会。因为苏格兰人在〔1644年〕1月进入了英格兰，并于3月1日跨过泰恩河。当纽卡斯尔伯爵正向他们进军时，托马斯·费尔法克斯爵士在约克郡聚集了相当多的一伙人，而曼切斯特伯爵从林恩（lyn）向约克进发。所以纽卡斯尔伯爵后方就有了两支叛乱的军队，还有一支在他的前方，他被迫撤回约克。不久，三支军队便联合起来围攻他。[1] 这些都是1643年的重要军事行动。

同年〔1643年〕，议会让人制造了一枚新国玺。掌玺大臣将老的国玺带到牛津去了。于是国王写信给威斯敏斯特的法官，禁止他们使用新国玺。这个信使被捉住了，被战争委员会（council of war）宣判有罪，当作间谍吊死。

B：这是根据战争法吗？

A：我不知道，但好像是吧。在没有要递送给指挥官的信件或通知的情况下，一个士兵进入敌方阵地，就会被认为是对方派来的间谍。这一年，伦敦的一些乡绅接到国王的民兵召集令，让他们在伦敦城中招兵为国王效力。此事被发现了，他们被判了刑，

---

[1] 在克拉伦登出版社2010年版中，这一句是："现在，曼切斯特伯爵加入了三支军队对他的围攻。"

其中一些被处决了。这两件事没有什么不同。

B：新国玺的制作，难道不是充分证明了议会对国王开战，不是要除掉国王身边恶毒的顾问官，而是要将国王自己从政府中去掉？那通信和条约又能带来什么希望呢？

A：苏格兰人进入英格兰，这出乎了国王的意料。原本，他在苏格兰的专员汉密尔顿公爵接连不断发来的信件使他相信，苏格兰从未想要入侵。在确认苏格兰人正在进入英格兰之后，国王将当时身处牛津的公爵当作囚犯送到康沃尔的彭德尼斯城堡（Pendennis Castle）去了。

正像我告诉你的，1644年年初，纽卡斯尔伯爵被苏格兰人、曼切斯特伯爵和托马斯·费尔法克斯爵士的联军所包围，国王派鲁珀特亲王去救援，并让他尽快进攻敌人。鲁珀特亲王取道兰开夏（Lancashire），在途中突袭了叛乱的城镇博尔顿（Bolton），并夺取了斯托克福德（Stockford）和利物浦（Liverpool），于7月1日到达约克，并解除了围困。敌人被赶到约4英里以外的马斯顿荒原（Marston Moor），而在那里发生的不幸战斗，使国王在某种意义上丢掉了整个北方。鲁珀特亲王顺原路返回，纽卡斯尔伯爵[1]回到约克，并与他的几个军官一起从约克渡海去了汉堡（Hamburgh）。

这一胜利的荣誉主要归功于曼切斯特伯爵的陆军中将奥利弗·克伦威尔。议会军从战场回来围困约克，此后不久，约克以体面的条款投降了。这不是因为他们〔约克人〕受到了偏袒，而是

---

[1] 根据克拉伦登出版社2010年版，纽卡斯尔的头衔当时是侯爵。

因为无奈议会没有花多少时间和人力来包围此城。

B：这一仗对国王的事业造成了突然的重创。

A：是这样。但是，在五六个星期之内就有人为他弥补了损失。威廉·沃勒爵士在朗德韦道恩损兵折将后，伦敦城又为他筹建了一支军队。为了支付军队费用，伦敦城向每一位市民每周征收价值一餐肉的税。这支军队和埃塞克斯伯爵的军队想要一起包围牛津。国王洞察到他们的意图，将王后送到西部，自己则向伍斯特进发。这迫使沃勒爵士和埃塞克斯伯爵再次分头行动，前者去追击国王，后者朝西部进发。由于兵力分散，他们这两支队伍都被击败了。国王回过头来攻击沃勒，在克罗沛迪桥（Cropredy-Bridge）打败了他，俘获了他的火炮部队和许多军官；接着追击埃塞克斯伯爵到了康沃尔，在那里获得大胜，以致伯爵自己不得不乘一只小船逃到了普利茅斯（Plymouth）。伯爵的骑兵在夜里突袭了国王的住处，但步兵全都被迫缴械，并在接受绝不再拿起武器反对国王的条件后被遣散了。

接下来的10月，在纽伯里展开了另一场激烈的战斗。而这些步兵昧着良心违背了他们先前答应国王的条件，现在他们重新拿起了武器，正朝着伦敦方向进军，已经到贝辛斯托克（Basingstoke）了。还有一些受过训练的队伍[1]也加入了他们，埃塞克斯伯爵突然有了如此强大的队伍，他在纽伯里再次迎战国王。伯爵在白天取得了较好的战绩，但是夜幕将他们分开，所以他没有

---

1 在克拉伦登出版社2010年版中，此处是"还有一些受过训练的伦敦队伍"。

获得完全的胜利。从这场战斗中可以看到，伯爵的任何其他部队都没有那些在康沃尔放下武器的士兵战斗得激烈。

这些便是1644年最重要的战斗，而国王就像他自己和其他人所认为的那样与议会势均力敌，议会则因当时所用的指挥官而胜利无望。因为埃塞克斯伯爵在纽伯里的第二次战斗中未能达成议会的期望，他们怀疑埃塞克斯伯爵更像是个保王党（虽然我认为他们这样想是错误的）。因此，议会投票决定建立新式军队[1]。埃塞克斯伯爵和曼切斯特伯爵察觉到他们在着手干什么，便自愿放弃了他们的职务。而下议院下了一道命令，严禁上、下议院的成员担任军队指挥或国家官员[2]。在此命令的间接打击下，他们摆脱了那些到目前为止过好地服务于他们的人。他们将奥利弗·克伦威尔排除在此命令之外，他们对他的指挥才能和勇气非常有信心（如果他们当时能像后来那样清楚地认识他的话，他们就不会这么想了），让他担任他们新选任的将军托马斯·费尔法克斯爵士的陆军中将。在对埃塞克斯伯爵的委任状中，有保护陛下人身安全的条款。尽管议会和将军仍旧是长老派教友，但这一条款在新的委任状中被去掉了。

B：长老派似乎为了达到目的，情愿国王被杀。

A：我一点都不怀疑这一点。因为一个合法的国王活着，那篡权得来的权力就永远不能保证安全。

---

[1] 这里指新模范军，英国革命时期由议会组织的军队。1645年组建，称"新军"，后称"新模范军"，由克伦威尔负责指挥。

[2] 议会在1644年制定并通过《自抑法案》，禁止议会议员担任军队指挥。

同年，议会将约翰·霍瑟姆爵士和他的儿子处死，因为他为在赫尔的表演[1]贿赂纽卡斯尔伯爵；还处死了亚历山大·卡鲁爵士（Sir Alexander Carew），因为他试图交出普利茅斯，他是议会在那里的执政官；还有坎特伯雷大主教，处死他只是为了取悦苏格兰人[2]；所谓想要破坏本国根本法的罪状，不能算作是指控，不过是些辱骂性的言辞。当时，他们还投票否决了公祷书，下令使用长老派牧师大会新编写的手册。他们当时还煞费苦心地劝说与国王在阿克斯布里奇（Uxbridge）缔结条约，而条约中未减少任何先前的要求。国王此时在牛津也召开了议会，由那些因心怀不满而离开威斯敏斯特议院的成员组成。但他们之中几乎没有人改变旧有的原则，所以这个议会并不是很有意义。还有，因为他们只在通信和条约上下功夫，这打击了士兵们从战争中获利的希望，绝大部分人认为他们对国王的伤害大于给他带来的好处。

1645年对于国王来说是非常不幸的一年。由于失掉了一场重大的战役，他失去了先前取得的所有东西，他的性命也走到了尽头。新模范军在商量了是应该包围牛津还是向西进军解汤顿（Taunton）之围之后［当时汤顿正被戈林勋爵（Lord Goring）围困，保卫此地的是布莱克（Blake），他后来因在海上的表现而为人所知］，决定去汤顿。克伦威尔被留下注意国王的动向，尽管他的军队并不足以阻止国王。国王趁这一有利形势将他的军队和大炮移出

---

1 这里指他阻止国王查理一世进入赫尔城一事。
2 根据克拉伦登出版社2010年版第283页注85的考证，霍布斯的记述有误：霍瑟姆父子分别死于1645年1月1日和2日，卡鲁死于1644年12月23日，劳德大主教死于1645年1月10日。

了牛津。此举迫使议会召回他们的将军费尔法克斯,命令他包围牛津。与此同时,国王解了威廉·布里尔顿爵士对切斯特(Chester)的围困,又回过头来用武力夺取了莱斯特(Leicester)——这是一个很重要的地方,有充足的大炮和粮草。

由于这一胜利,人们通常认为国王一方较强。国王自己就这么认为,而议会也在某种程度上承认这一点。他们命令费尔法克斯放弃包围,尽力与国王作战。因为国王的胜利,加上他们自己人日益加剧的分裂和背信弃义,他们只好祈祷时来运转。这一天来了,在内斯比(Naseby),国王的军队最终被打垮,没有留下任何东山再起的希望。此战之后,国王上下奔走[1],不时给议会军以灵活的一击,但他的兵力再也没有获得大幅增加。

在此期间,费尔法克斯首先重新夺取了莱斯特,然后向西进军,除了极少数地方外,几乎征服了整个西部地区。在费尔法克斯的极力威逼下,霍普顿勋爵被迫在体面的条件下解散了他的军队,并追随威尔士亲王去了锡利群岛(Scilly)。此后不久,他们二人从那里去了巴黎。

1646年4月,费尔法克斯将军开始回过头来进军牛津。在此期间,包围伍德斯托克(Woodstock)的莱恩斯巴洛(Rainsborough),迫使该城投降。国王此时也回到了牛津,距离伍德斯托克只有6英里。所以国王无疑被费尔法克斯包围了,又没有军队来解救他,他便决定乔装打扮逃到纽瓦克附近的苏格兰军队里去。他在5月4

---

[1] 在克拉伦登出版社2010年版中,此句是"国王率着小队人马上下奔走"。

日到了那里。而苏格兰军队那时正在往家乡撤退，他们把他带到纽卡斯尔，他于5月13日到达那里。

B：国王为什么这么信任苏格兰人？他们是最先叛乱的。他们是长老派，也就是说，很残忍；再说，他们很贫穷，所以有可能为了钱把国王出卖给他的敌人；还有最后一点，他们的力量不足以保卫国王，或是把他留在他们国家。

A：国王有什么更好的选择吗？因为在这之前的冬天，他派人去议会为里士满公爵（Duke of Richmond）和其他人弄通行证，向他们〔议会〕送去和平的提案，而这被否决了。他再次送去，又被否决了。于是他想要亲自去与他们谈，这也被拒绝了。[1] 国王为了同样的目的一次又一次地送去和平提案，他们不仅没有允许他的建议，反而发出一条命令：在国王试图越过联络线路的情况下，伦敦民兵组织的指挥官应以他们认为合适的兵力镇压骚动，逮捕与国王一起来的人，并保证国王的人身安全，也就是监禁他。如果国王冒险前来，被囚禁起来，议会将对他做什么呢？他们已经投票废黜了他，所以只要他活着，即使他是在监狱中，他们就不可能安全。他们可能不会在高等法院公开将他判处死刑，而会以其他方式秘密处死他。

B：国王应该设法到海外去。

A：从牛津去海外很困难。再说，人们普遍相信苏格兰军队

---

[1] 根据保罗·西沃德的考证，霍布斯在写作《贝希摩斯》时借鉴了詹姆斯·希斯《编年史》的记载，尤其是在第三、四部分对于1642年之后的叙述，其行文结构、事件时间等都参考了希斯的《编年史》。此处，根据希斯的《编年史》记载，国王分别于1645年12月26日、29日送去议会两封信，议会在1646年1月14日给予拒绝的回复。

向他做出的承诺：不仅仅是陛下，还有跟随他的朋友们，在他们军队里都是安全的。军队不仅保证他们的人身安全，还将维护他们的荣誉和良知。这是一个漂亮的诡计，军队和军队中的某些士兵是两回事，所以就让士兵承诺军队不愿意执行的事情。[1]

7月11日，议会将他们的提案送给在纽卡斯尔的国王，声称这一提案是实现一种稳定的、基础牢固的和平的唯一途径。这一提案由彭布罗伯爵（Earl of Pembroke）、萨福克伯爵（Earl of Suffolk）、沃尔特·厄尔爵士（Sir Walter Earle）、约翰·希皮斯利爵士（Sir John Hippisley）、古德温先生（Mr. Goodwin）和罗宾逊先生（Mr. Robinson）送来。国王问他们是否拥有缔结条约的权力，当他们说没有时，国王就问为什么没派一个号手来[2]。这一提案就是他们以前送来过的罢黜国王的同一提案，所以国王不会同意。苏格兰人最开始也没有容忍他们，但为他们破了一些例。看起来，苏格兰人这样做，仅仅是为了让议会明白他们不会白白将国王交到议会手中。所以最后苏格兰人和英格兰议会之间进行了讨价还价，国王以20万英镑的价格被卖到了英格兰议会派来接国王的专员们手中。

B：这一行为的性质多么恶劣啊，其中夹杂着虚假的宗教、极度的贪婪、怯懦、伪誓和背叛。

A：现在战争（它似乎使许多不体面的事情变得正当）结束了，

---

[1] 在克拉伦登出版社2010年版中，此段为B说的话，下一段是A说的话。
[2] 根据基佐所写的《英国革命史》，查理一世的原话是："既是没有，那么除了这份工作的荣誉以外，一个能干的靠得住的号手，也可以胜任这一件事，如你一样。"

你在这些叛乱中几乎看不到别的，除了他们的愚蠢外，就只有卑鄙和虚伪。

此时议会已经接管了国王其余所有的卫戍部队。最后被接管的是彭德尼斯城堡，汉密尔顿公爵被国王监禁在此。

B：在此期间，爱尔兰和苏格兰发生了什么事情？

A：爱尔兰曾因国王的命令暂时保持和平，但由于爱尔兰人内部的分裂，和平没有维持多久。天主教派（教皇的罗马教廷大使当时在那里）将这视为他们摆脱英格兰人统治的时机。此外，和平时期现在已经结束了。

B：为何是他们臣服于英格兰人，而不是英格兰人臣服于爱尔兰人？他们是英格兰国王的臣民，而英格兰人也是爱尔兰国王的臣民。

A：对于一般人的理解力来说，这一区分太过微妙了。在苏格兰，蒙特罗斯侯爵支持国王，他带着很少的人马取得了巨大的胜利，已经占领了整个苏格兰。在那里，他的许多部队由于过度防卫，被允许暂时离职。而敌人得到情报，突袭他们，迫使他们退回苏格兰高地，以补充兵力。[1] 蒙特罗斯开始在那里恢复他的实力，这时他接到国王解散军队的命令（当时国王在纽卡斯尔的苏格兰人手中）。他从海上离开了苏格兰。

在这一年（也就是 1646 年）的年末，议会设法砸碎了国王的国玺。国王被带到霍姆比（Holmeby），在那里由议会的特派专员看

---

[1] 根据克拉伦登出版社 2010 版第 289 页注 118，这就是 1645 年 9 月 13 日的菲利普霍赫之战（the Battle of Philiphaugh）。

守着。而这对英格兰和苏格兰来说意味着战争的结束,但对爱尔兰来说则不是。大约也是在此时,议会弃而不用的埃塞克斯伯爵去世了。

B:现在英格兰拥有了和平,而国王在监狱中,那么主权权力在谁那里呢?

A:这一权利当然在国王那里,但却没有人行使它。在1647年和1648年的整整两年中,议会和奥利弗·克伦威尔(托马斯·费尔法克斯爵士的陆军中将)都在相互争夺主权权利,不是通过战斗,而是像通过一场纸牌游戏。[1]

你肯定知道,当国王亨利八世废除了教皇在这里〔英格兰〕的权威,使自己成为教会首脑之时,由于无法与国王对抗,主教们对此也没有什么不满。以前,教皇不允许主教们宣称他们在自己教区拥有神圣权利,即直接来自上帝的权利,而是宣称这一权利来自教皇的赠予和权威。现在,教皇被革职了,他们无疑认为神圣权利就在他们自己手中。此后,日内瓦城,以及海外许多其他地方,违抗教皇的权力,在它们的几个教会中确立了长老会的统治。在玛丽女王施行宗教迫害之时,英格兰的许多有识之士逃到海外,他们与长老会的统治有很大的牵连。他们在伊丽莎白女王时期回来,从那时起,就致力于在这里建立长老会的统治,给教会和国家带来巨大麻烦。在政府中,他们可能表现得盛气凌人并夸耀自己的智慧和学识。这不仅赋予了他们神圣权利,还让他们有神圣的

---

[1] 在克拉伦登出版社2010版中,在这一段与下一段之间有B的一句话:"克伦威尔手中可能会有什么牌?"

灵感。他们频繁的布道一直被默许,有时还得到支持。他们介绍了许多奇怪而有害的学说,正像他们声称的,胜过了路德和加尔文的宗教改革。他们渐渐偏离了先前的神学和教会哲学(因为宗教是另一回事),就像路德和加尔文偏离了教皇。这使他们的听众分裂成许多派别,其中有布朗党人(Brownists)、再洗礼派、独立派、第五王国派、贵格会,还有许多其他教派,所有这些教派通常被冠以狂热派之名。其中没有一个是对长老派来说足够危险的敌人,因为这些就像他们自己孵出来的一窝小鸡。

这些是克伦威尔手中最好的牌。他在军队中有许多人手,在他本人被认为是其中一员的议院里,他也有一些人手。虽然他什么也不确定,但总是能让自己站在最强势的派系一边,就像一只变色龙。

军队里的许多人(如果不是绝大部分人的话),只想劫掠和瓜分敌人的土地和财物。这些人,基于他们对克伦威尔的勇气和才能的看法,认为除了依附他而外,找不到其他任何更好的途径达到他们的目的。最后,在议会中,虽然不是大多数成员,但也有相当数量的狂热分子足以质疑议院的决定,导致议院推迟做出决议。 *334* 有时候他们也利用出席人数不多的议会,举行有利于克伦威尔的投票,正像他们在〔1647 年〕7 月 26 日所做的。因为虽然在之前的 5 月 4 日议会已经投票决定,伦敦的民兵组织应该交由一个市长大人暂时担任其成员的公民委员会控制;但此后不久,碰巧成为议会多数的独立派颁布了一条命令,按此命令民兵组织被交到更利于军队的人的手中。

议会拥有的最好的牌就是伦敦城和国王本人。托马斯·费尔法克斯将军是忠实的长老派，他在军队的手中，而军队又在克伦威尔手中。但是，哪一派将会获胜，取决于游戏的玩法。克伦威尔仍然表示对议会的服从和忠诚，但这不过是提醒自己，并为他自己所做的一切与军队相反的事情寻找借口。因此，他与自己的女婿、兵站总监艾尔顿（Ireton，此人与克伦威尔一样精于谋划，并且更加能说会写）谋划如何让军队哗变来反对议会。为了达到这一目的，他们在军队里散播谣言，说议会现在抓住了国王，想要解散他们，欺骗他们，不向他们支付欠饷，还要把他们送到爱尔兰去，让爱尔兰人干掉他们。军队被这一谣言激怒了，在艾尔顿的教唆下成立了一个他们自己的委员会。这一委员会由每一骑兵连和每一步兵连各出两名士兵组成，为军队的利益出谋划策，协助战争委员会，并就王国的战争与和平事宜给出建议。这些人被称作鼓动员[1]。因此不论克伦威尔想要叫人做什么都不必自己吩咐，只要暗中把他的想法灌输给这些鼓动员。第一次协商会议的结果便是将国王从霍姆比带到军队中来。

事后，上将〔托马斯·费尔法克斯将军〕写信给议会，请求原谅他本人、克伦威尔以及全军将士，说他们对此事并不知情，而国王是自愿让那些士兵把他带走的。让议会相信，整个军队想要的不过是和平，既不是反对长老会，也不是想影响独立派，更不是要在宗教中坚持任何放荡的自由。

---

[1] 鼓动员（adjutator），也拼作 agitators，是在平等派影响下选出的士兵代表。

B：奇怪的是托马斯·费尔法克斯爵士会被克伦威尔如此利用，以致相信他自己写的这些。

A：我无法相信科尼特·乔伊斯（Cornet Joyce）能带1000个士兵离开军队去接国王，而上将、中将和其他所有将士都没有注意到这一点。至于国王自愿地跟他们走，从陛下特地写给议会的一封信来看，似乎不是这样。

B：这是对背信弃义的背信弃义。先是议会对国王的背信弃义，接着是军队对议会的背信弃义。

A：这是克伦威尔耍的第一个花招。他认为凭借这一招他可以占据如此大的优势，以致公开说"议会已是他的囊中之物"。这一点他确实做到了，而且伦敦城也已是他的囊中之物。因为，他们双方〔议会和伦敦城〕听到这一消息，都陷入极度混乱之中，随后甚至有传言说，军队正在向伦敦进发。

在此期间，国王从一个地方被带到另一个地方，直到被安置在汉普顿宫，这些举动就像是在炫耀。与他在议会特派专员手中时比起来，国王有了更多的自由，而且到目前为止得到了更多的尊重。这是因为，他们允许国王自己的牧师跟随他，也允许国王的孩子和一些朋友来看他。此外，国王还得到克伦威尔的美言称赞，后者以一种严肃的、表面上充满激情的方式向他保证，将对抗议会以归还他的权利。

B：克伦威尔怎么肯定他能做到此事呢？

A：他并不肯定。但他下定决心向伦敦城和议会进攻，重立国王，而自己成为第二人，除非他发现有比这更好的出路，即攥走国王，使自己成为第一人。

B：为了对抗议会和伦敦城，克伦威尔期待从国王那里获得什么帮助呢？

A：通过直接表明拥护国王，他可能赢得整个国王一派。自从国王遭受不幸以来，这一派比以前壮大多了。因为在议会内部，有许多人已经发现了他们同党的伪善和私人目的，在他们自己的自然理性的指引下回归了他们的义务，而对国王的不幸遭遇的同情日益引发了他们对议会的愤怒；所以，如果他们在当时军队的保护下汇聚成一个整体，克伦威尔就有可能做他想做的事情：国王排第一，自己排第二。但是，他似乎想要先试试没有国王他能做什么。如果证明自己有足够实力的话，他就将国王从手里扔掉。

B：议会和伦敦城是如何对抗军队的呢？

A：首先，议会写信给上将，让他把国王归还到他们的特派专员手中。对此，军队没有给出任何回应，而是向议会送去一些条款，连同这些条款还有对11名议会成员的指控，被指控者都是活跃的长老派。其中一些条款是：1.应该清除根据《自抑法案》不该待在议院里的那些人；2.要让那些伤害了王国和使王国陷入危险的人不能再做类似事情；3.应该确定结束本届议会的日期；4.他们应向王国公布所收到的巨额钱财的账目；5.那11名成员应立即停止出席议会。这些条款就是使他们获胜的王牌。除了回应暂停这11名成员出席议会的条款而外，议会没有对其他条款做出回答。他们说除非搞清楚这一指控的细节，否则，依法他们不能让这11名成员停职。但是，很快他们自己针对坎特伯雷大主教和斯特拉福德伯爵的诉讼程序算是对此给出了回答。[1]

议会有一些害怕了，而国王增强了信心，他〔克伦威尔〕夺取了伦敦城并要求议会将伦敦的民兵组织交到其他人手中。

B：什么其他人手中？我不太理解。

A：我曾告诉你，伦敦的民兵组织在〔1647年〕5月4日被交到市长大人和其他市民手中，而紧接着又被交到其他更有利于军队的人手中。现在，我要告诉你，在7月26日，一些学徒和被解散士兵的暴力举动迫使议会让其恢复原状，也就是重新交到市民手中。因此，两位议长和好几名议会成员跑到军队那里去，他们受到邀请，心甘情愿地出席了与议会性质类似的战争委员会，并参与投票。他们想要将民兵组织从市民手中夺走，交回到那些在7月26日前掌握民兵组织的人的手中。

B：伦敦城对此说了什么？

A：伦敦人坚守他们的岗位，也就是：维护联络线路；在这一线路内组建了一支由勇敢之士组成的军队；选择优秀的军官，无论何时只要这个城市发出命令，他们都渴望冲出去战斗；并以这样的姿态坚守着等待敌人。

此时士兵们约定与托马斯·费尔法克斯爵士、议会和军队同生死共存亡。

B：这非常好。他们模仿议会所做的。当议会最先拿起武器

---

[1] 霍布斯在这里的意思是，议会对坎特伯雷大主教和斯特拉福德伯爵的指控同样是含混不清的，但却做出了判决，所以他们没有理由指责军队对他们的指控含混不清。

对抗国王的时候，总是称呼他们自己是国王和议会，坚称国王总是实质上在他的议会中。所以，军队现在挑起反对议会的战争，将他们自己称作议会和军队。但他们可能有更多的理由，因为，议会既然已经在克伦威尔的口袋里了，实际上也就是在军队中了。

339　　A：此外，他们就向伦敦进军的理由发布了一项声明。在声明中，他们将自己当作议会的评判者，以及谁在处理王国事务上值得信任的评判者。他们不再以议会之名，而是以威斯敏斯特的绅士自称。这是因为，自从7月26日的暴力事件之后，军队否认他们是合法的议会。同时，军队给伦敦市长和市政参事送去一封信，为最近发生的骚乱责备他们；说他们是和平的敌人，对议会背信弃义，没有能力保卫议会和他们自己；并要求他们将伦敦城交到军队手中。他们说，为了达此目的，军队正在朝伦敦城进发。上将还传令伦敦城附近各郡，号召受过训练的士兵加入他们。

B：这些受过训练的士兵是上将军队的一部分吗？

A：不是，根本就没人为这些士兵付军饷，而且没有议会的命令，他们也不能加入上将的军队。但在军队已经主宰了本国所有法律的时候，它还有什么不能做的呢？军队正在朝豪恩斯洛西斯（Hounslow Heath）进发，距离伦敦仅有10英里，市政委员会（Court of Aldermen）开会讨论对策。伦敦城的军官和士兵们做好了充分准备，想要出去与他们交战。但一个负责驻守索斯沃克（Southwark）旁防御工事的军官叛变了，将一小队敌人放进了联络线路以内，这一小队敌人一直打到伦敦桥的大门。接着在市政委员

340　会，他们吓坏了，以如下条件投降了：交出他们的民兵组织；舍

弃那11名成员；向军队交出要塞、联络线路和伦敦塔，以及所有的军火库和库内的武器；解散他们的军队，驱逐所有不具有指挥权的军官，也就是埃塞克斯的老部下；撤掉议会的警卫。所有这些都实现了，而军队在伦敦城的主要街道举行胜利游行。

B：奇怪的是市长和市政参事拥有这样一支军队，却如此快地屈服了。如果他们以一部分军队阻击在桥下的敌人，而以剩下的军队阻击剩下的敌人，他们可能不会投降吧？

A：我不能做如此的判断。但对于我来说，如果他们不投降的话，我倒要觉得奇怪了。因为我认为，大部分富有的臣民凭借巧智和贸易致富，除了眼前的利益外，他们从不关注其他事情。他们对无利可图的事在某种程度上视而不见，但对伦敦城会遭劫掠的想法感到惊恐。如果他们懂得明智之举是服从他们合法的主权者以保存他们的财富，他们就不会站在议会一边，而我们也就没有必要武装起来了。所以市长和市政参事以投降来保全他们的财物，如果抵抗的话就很难保全了。在我看来，他们无非是采取了最明智的办法。议会也不比城市更加不驯服。因为不久后的8月6日，上将带着逃跑的议长和议会成员在强大警卫士兵的护送下来到议院，让议长回到自己的席位上。他们不仅为此在议院里感谢了上将，还定了一天进行神圣的感恩，并在此后不久让上将成为了英格兰所有部队的最高统帅和伦敦塔的执法官。但是，这实际上意味着克伦威尔的晋升，因为他是用益物权人[1]，尽管所有权在托马

---

1 用益物权是指在法律规定的范围内，对他人所有的不动产享有占有、使用和收益的权利。这里指的是克伦威尔可以因托马斯·费尔法克斯爵士的军队而获益。

斯·费尔法克斯爵士那里。因为独立派马上就切断了整个联络线路；隔开了之前连在一起的伦敦、威斯敏斯特和索斯沃克之间的民兵组织；替换了那些不支持他们的市镇和要塞的地方长官（尽管那是议会命令安排的），并以自己一派的人取而代之。他们还让议会宣布，两院在7月26日至8月6日期间通过的议案一概无效，并把一些贵族和显赫的市民投入监狱，市长大人便是其中之一。

B：克伦威尔现在有足够的力量让国王回归宝座了，但他为什么不这么做呢？

A：他的主要目的是要让自己坐上那个位子。所谓让国王复位不过是预备着对付议会的，既然议会已经是他的囊中之物，他就不再需要国王了，现在国王对于他来说是一种阻碍。将国王留在军队中，是一件麻烦事；让他落入长老派的手中，就会阻断克伦威尔的希望；秘密地谋杀他，除了这一行动的恐怖外，还因为他现在还只是个陆军中将，这样做将使自己遭人厌恶并妨碍他的计划。对于实现他的目的来说，没有什么比让国王从汉普顿宫逃跑更好的了，逃到海外他想去的地方，他在这里离议会太近。因为，尽管克伦威尔在议会大厦内有许多同党，但他们并没有看出，他的野心是要成为他们的主宰者；而他的野心只要一显露出来，他们就会成为他的敌人。为了让国王试图逃跑，在克伦威尔的指使下，一些监管国王的人告诉国王，鼓动员想要谋害他；而且，克伦威尔让这一谣言广泛传播，最后这一谣言从不同的途径传回到国王的耳朵里。

因此，在一个漆黑的雨夜，国王趁警卫去休息的时候（正像人们认为的,这是有意的),离开了汉普顿宫,跑到南安普敦(Southampton)附近的海边,预定在那里有一只船带他走,但失败了。所以国王不得不投靠当时怀特岛(Isle of Wight)的地方长官哈蒙德上校(Colonel Hammond),期望他能看在哈蒙德博士[1]的分上善待自己。博士是上校的兄弟,也是陛下非常宠信的牧师。但事实证明不是这样:上校派人告知了他的主人,即议会,并接受议会下达的关于国王的命令。在怀特岛发生的事情,一点也不像是克伦威尔的计划,他既不知道国王要去哪里,也不知道他会走哪条路。如果船在预定的时间到达了指定的地点,哈蒙德上校也不会比别人多知道什么。

B:如果国王逃到了法国,难道法国人不会以武力帮助他恢复他的王国吗?而这将挫败克伦威尔和国王其他敌人的计划。

A:是的,很有可能,正像他们以后帮助他的儿子(我们现在最仁慈的君主)那样,此前两年他的儿子从康沃尔逃到了法国。

B:我认为,在毗邻国家间,一国的君主频繁帮助另一个国家的反叛者,并非良策,尤其当他们反叛的是君主制本身时。两国间的君主应该首先组建一个反对叛乱的联盟,随后,如果两国关系无法修复的话,再彼此相互争斗。当更仔细地审视布道后,这在信奉基督教的君主间也适用。布道中对希伯来语、希腊语或者拉丁语《圣经》中某一节的解释,经常成为挑起内战以及罢免和暗杀上帝所指定的人的理由。而且,不论你与那些争论神性的人

---

[1] 哈蒙德博士,全名亨利·哈蒙德(Henry Hammond, 1605—1660)。他于1653年撰写了《一封解答六个问题的信》(*A letter of resolution to six quaeries*),批评霍布斯的《利维坦》。

交谈多久，你也很难从一百个人中找到一个足够谨慎的、不论在战争中还是在和平时期都可以委以大任的人。使主权者身居高位的，不是君主的权利（尽管每个人的明示同意赋予了他这一权利），而必须是臣民的服从。像一些牧师在讲坛中所做的那样，先承诺效忠，马上又高呼"回你们自己家里去，哦，以色列人"[1]，这有什么益处呢？一般人凭自己的思考无法知道对错，所以必须教给他们义务的基础，以及为何灾难总是跟随着他们对合法主权者的不服从。但事实恰恰相反，我们的造反者在布道中被公开教唆叛乱，并被告知除了做传道士禁止的事情，或者忽略他们的忠告外，不存在原罪。现在国王是议会的阶下囚，长老派为何不通过让他复位而增进他们自己的利益呢？

A：如果过度膨胀而愚蠢的野心没有阻断他们达到目的的途径的话，议会（其中长老派多于独立派）可能已经得到了他们想要在国王活着时得到的东西。他们向他送去四条提案，交由他签字和通过后成为议会法案[2]。他们告诉他，当这些法案生效的时候，他们会派专人来和他商议其他条款。

这四条提案是这样的：第一条，在二十年内，议会应该拥有民兵组织，以及征税维持民兵组织的权力；二十年之后，在议会认为王国的安全得以保障的情况下，以上权力的执行权将归还国王。

---

1 《旧约·列王记上》第 12 章第 16 节："以色列众民见王不依从他们，就对王说，我们与大卫有什么分儿呢。与耶西的儿子并没有关涉。以色列人哪，各回各家去吧。大卫家啊，自己顾自己吧。于是，以色列人都回自己家里去了。"

2 此文件也被称为《四项法案》。

B：第一条将民兵组织从国王那里夺走，结果就是永远夺走了整个主权。

A：第二条是，国王应该证明议会反对国王的行动合法，宣布他所做的一切反对议会的声明无效。

B：这是让他对战争以及战争中所有的流血负责。

A：第三条是，取消自1642年5月国王拿走国玺以来所授予的所有荣誉头衔。

第四条是，议会要休会，何时休会、新的开会地点以及休会多久都随他们自己的意愿而定。

国王拒绝答应这些提案，他有理由这样做。他向他们送去自己的提案，这些提案并非对议会很不利，并希望亲自与议会进行谈判以实现王国的和平。但议会认为这些提案不足以达到此目的，并投票决定不再给他写信，也不再接收他的信件，他们将在他缺席的情况下解决王国事务。这次投票部分是在当时出席下议院的军队派的演说和威胁下进行的，其中一人提出了如下三点建议：1. 为确保安全，将国王安置在内陆的某个城堡中，派警卫把守；2. 草拟弹劾国王的条款；3. 将国王搁置一边，在没有他的情况下来解决王国的事务。

他们中的另一人说，国王拒绝上述四项议案就是拒绝保护他的臣民，所以他们应该拒绝臣服于他。这人还加了一句，除非议会背弃了军队，军队是绝对不会背弃议会的。这是在威胁。

最后，克伦威尔自己告诉他们，期待已久的由议会治理和保卫王国的时候到了，别再让人们将自身的安全寄希望于一个上帝已使其心肠变硬的人身上，也不要将那些很好地保卫了议会的人扔给他们水火不容的敌人任其发落，以免他们以其他方式寻求自保。这同样是在威胁。当他说此话时，他的手一直按在剑上。

由此，不再与国王通信的投票结果被制定成了一道命令。议院后来想要收回这一成命，但受到克伦威尔的逼迫不得不遵守他们的诺言。

苏格兰人对此不满，部分原因是他们的长老派兄弟在英格兰失掉了大部分权力，部分原因是他们已将国王卖到了议会手中。

现在，国王向他的人民发表了一份充满激情的关于他们如何虐待他的控诉书。这得到了人民的同情，但他们并没有为他揭竿而起。

B：难道您不认为克伦威尔夺权的时刻到了？

A：绝非如此。还有许多障碍需要去除。他不是军队的将军。军队仍然支持议会。伦敦城对他们的民兵组织不满。苏格兰人期望以一支军队来解救国王。他的鼓动员都是反对君主制的平等派[1]，虽然他们曾帮助克伦威尔控制议会，但不会让他成为国王；正如教会狗取东西很容易，教会它还回去却很难。所以，克伦威尔要想使自己正式成为主权君主，他要先完成下面的这些事情：1. 成为最高统帅；2. 除掉国王；3. 镇压当时所有的暴乱；4. 抵制苏格兰人；最后，解散现有的议会。这些都是极困难的事情，他绝对无法承诺

---

[1] 平等派（levellers），又名平均派，是英国革命中的激进民主派，是依靠军队（特别是普通士兵）形成的政治派别。领导人是约翰·利尔本（John Lilburne），其核心政治纲领是人民主权学说，不承认国王和上议院的合法性。

自己全都能实现。因此,我认为当时他不想成为国王,不过是想通过好好地效劳于最强的派别(这一直是他的主要政治谋划),凭着运气尽可能地向前推进。

B:与其说议会邪恶,还不如说他们愚蠢。议会在为军队找到一个比已有的更好的指挥官之前遗弃了国王。

A:1648年年初,议会授权彭布罗克伯爵菲利普(Philip Earl of Pembroke),让他与一些同他一样精通神学的博士一起整肃大学,并任命其为牛津大学的校长。他们借此驱逐了所有不属于他们派系的人,所有赞成使用公祷书的人,还有许多声名狼藉的牧师和学者,诸如通常将上帝之名用作口头禅的人,一贯说话放肆的人,或者与淫荡的妇女厮混的人:对于最后一条,我只能称赞他们。

B:我不会这样做,因为上述不过是虔诚的另一面,就像将人们从医院驱逐出来,因为他们是瘸子。人们还能在哪里学到虔诚,以及如何纠正自身的恶习,还有哪里比在为此而建立的大学更好呢?

A:议会可能有不同的看法。因为我常常听到父母们抱怨,他们的孩子在那里沉湎于酗酒、淫乐、赌博和其他随之发生的罪恶。这么多年轻人在一起,尽管有导师的存在(这些导师通常并不比他们年长多少),他们之间还能相互腐蚀,这也就不足为奇。所以我认为议会并不是很尊重这些培养年轻人美德的大学机构。尽管他们中的许多人在那里学习布道,由此得以晋升和维持自己的地位,但另一些人是被他们的父母送到那里去的。这些家长想以此免除自己在家管教他们的麻烦，而这一阶段的孩子是最难管束的。我也不认为议会比其他人更关心教士。但是，可以肯定的是一所大学是教士们杰出的仆人；但是，如果不认真对待的话，那些在教义上持不同意见的教士们，凭借他们发表争论的便利，很轻易就能将王国分裂成不同派系。

B：但是，在世界的这个角落，哲学和其他人文科学的价值处处受到重视。比起大学，哪里能让人们更好地学习它们呢？

A：什么其他科学？难道神学家们没能以他们的神学囊括所有的公民哲学和道德哲学吗？而自然哲学，难道不是从牛津和剑桥移到伦敦的格雷沙姆学院（Gresham College），并被排除在它们的学报之外了吗？但我们跑题了。

B：是的，我们确实偏离了王国的更重大事务。如果您愿意的话，让我们回到这一话题。

A：第一次叛乱，或者说是骚乱，就是由学徒们在〔1648年〕4月9日掀起的。但这不应该归咎于国王，而是起于他们在穆尔菲尔兹（Moor-fields）依惯例举行的娱乐集会。一些受训士兵的热心军官想要以武力驱逐他们，但却被石头击败。学徒们还夺去了军官们的旗帜，随后携带着旗帜上街。他们又到市长大人家去恐吓他，并在他家里夺得一支被称作"公鸭"的枪。接着他们在一些大门处布置了警卫。在这一天的剩余时间里，他们像小孩子一样大摇大摆地走来走去。但第二天，上将亲自率军进城，很快驱散了他们。这不过是小事一桩，但也足以让他们明白，议会不得人心。

接下来，威尔士人拿起武器反对他们。在威尔士有三名上校，拉恩（Langhorne）、珀伊尔（Poyer）和鲍威尔（Powel）[1]，他们以前很好地为议会效劳，但是现在被下令解散。他们拒绝服从，并进一步加强了自身实力，宣称支持国王。他们大概有8000人。

大约同时，威尔士又发生了一次由尼古拉斯·开米西爵士（Sir Nicholas Keymish）领头的叛乱，还有一次是在约翰·欧文爵士（Sir John Owen）的领导下。现在所有威尔士人都反叛议会了，而所有这些都在一个月内被克伦威尔和他的军官们击败了，但双方都有大量的流血牺牲。[2]

B：对于那些将自己的争吵归咎于国王的人，我对他们的丧命并不十分同情。

A：此后不久，一些萨里[3]人向议会递交请愿书，要求国王亲自和议会缔结条约。但他们的信使又一次被驻扎在威斯敏斯特和皇家马厩（Mews）附近的士兵打回家了。接着，肯特郡人原本想要递交一份类似的请愿书，但预料到会同样遭到粗暴的对待，于是他们抛弃了请愿，拿起了武器。他们有许多勇敢的军官，将军是诺威奇伯爵（Earl of Norwich），队伍因为学徒和被解散士兵的加入而日益壮大。由于议会愿意将他们的民兵组织归还伦敦城，并在泰晤士河岸边设置警卫，于是费尔法克斯向敌人进发了。

B：我想，接下来伦敦人能够轻易而迅速地掌控议会，接着

---

[1] 这三人的全名分别为罗兰·拉恩（Rowland Laugharne）、约翰·珀伊尔（John Poyer）、赖斯·鲍威尔（Rice Powell）。

[2] 据克拉伦登出版社2010年版第308页注181的考证，霍布斯的记述有误：威尔士人的这五支队伍的叛乱从1648年5月持续至7月，在近两个月内被平息。

[3] 萨里（Surrey），英格兰东南部泰晤士河边上的一个郡。

350 掌控费尔法克斯和他的8000人,最后是克伦威尔的军队,或者至少给苏格兰军队不经战斗而向伦敦进军的机会。

A:是这样的,但伦敦城从来不善于冒险。伦敦人和苏格兰人,原则上都不想要一个凌驾于他们之上的国王,而是想要一个在他们之下的国王。费尔法克斯和他的8000人对抗保王党人,在梅德斯通(Maidstone)击败了他们中的一部分;另一部分保王党人正在攻打肯特郡其他更远的地方。而诺威奇伯爵和剩下的人去了布莱克希思(Blackheath),从那里派人到伦敦,要求通过此城,去加入那些在查理·卢卡斯爵士(Sir Charles Lucas)和乔治·莱尔爵士(Sir George Lisle)领导下于埃塞克斯起义的人。这一要求被拒绝了,绝大部分肯特人背弃了他。诺威奇伯爵带着剩下的不到500人,穿过泰晤士河踏上狗岛(Isle of Dogs),还到了鲍岛(Bow),从那里去了科尔切斯特(Colchester)。费尔法克斯察觉到这一情况,在格雷夫森德(Gravesend)穿过泰晤士河,在科尔切斯特追上并包围了他们。这个镇除了一道低矮的防护墙外没有其他的防御工事,但他们却坚守了两个月时间,寄希望于苏格兰军队来解救他们。[1] 后来苏格兰人战败的消息传来,他们被迫屈服了。诺威奇伯爵被押往伦敦。忠诚而勇敢的查理·卢卡斯爵士和乔治·莱尔爵士被击毙。在金士顿(Kingston)附近,还有另外一场由霍兰德伯爵(Earl of Holland)领导的小型叛乱也很快被镇压下去,霍兰德伯爵本人

---

[1] 据克拉伦登出版社2010年版第310页注187的考证,霍布斯的记述有误:保王党人坚持了将近三个月:6月12日,保王军进入科尔切斯特;6月14日,科尔切斯特开始被包围;8月28日,该城投降。

被监禁。

B：苏格兰人怎么这么快就完蛋了呢？

A：正像人们说的，只不过是缺乏指挥。他们的军队由汉密尔顿公爵指挥，当议会的军队夺取彭德尼斯城堡（他被关押的地方）的时候，他重获了自由。他以骑兵和步兵共计 15,000 人进入英格兰（其中有超过 3000 人的英格兰保王党）。克伦威尔带着步兵和骑兵共计 11,000 人从威尔士出发对抗他们，在兰开夏的普雷斯顿（Preston）附近，不到两小时就把他们打败了。苏格兰人战败，据说是因为收到命令，他们既不能所有人都参战，也无法救援他们的同伴。战败之后，他们无路可逃，只能继续向英格兰进发。他们因此遭受追击，几乎全军覆没，失去了一个军队可能失去的所有东西，以致那些回到家乡的极少数人，都没能将他们的剑带回家。汉密尔顿公爵被擒，此后不久被送往伦敦。克伦威尔继续朝爱丁堡进发。在那里，由于得到反对汉密尔顿的派系的帮助，他确信自己的计划不会受阻。首要的事情就是借议会之手夺走国王的性命。

当北方发生这些事情的时候，趁着克伦威尔不在，议会又恢复了原状，收回了他们不与国王通信的决议，向国王送去新的议案，这一议案比前一次的稍微好一些，但也没有好多少。在接到国王的回复后，他们派专员到怀特岛的新港（Newport）与他商讨。他们为一些琐碎的事情同他周旋得太久，以致克伦威尔赶在他们之前到达了伦敦，这导致了国王的覆灭。因为军队现在完全效忠于克伦威尔，他再一次派鼓动员去下议院抗议，并提出以下要求：1. 对国王进行法律制裁；2. 在指定的日期传讯〔威尔士〕亲王和约克公爵，并根据他们能否给出满意的答复以决定是否提起诉讼；3.议会构建和平局势，设计未来的政府，为本届议会设定一个合理的期限，并确定议会今后每年召开一次或每两年召开一次；4.行使国王的适当数量的主要职能。以上诸条要求应通过一个人民签名同意的协议由下议院来执行。他们没有坐等回答，而是很快派出一队士兵把守议会大厦的大门，另一些士兵则控制威斯敏斯特大厅，不允许任何人进入议院，除了当值的人。[1] 其他所有人要么被吓跑了，要么被监禁。还有一些与争论相关的人士则被停职。被监禁的人中，有90多人是因为拒绝投票反对苏格兰人[2]，还有一些是因为他们投票反对不与国王通信的投票结果。剩下来的就是一个支持克伦威尔的议院了。在军队的支持下，狂热分子在伦敦城中组建了一个新的市政委员会（common-council），其中，任意40个人就拥有超出市长的权力。而他们的首项工作就是草拟一份对国王进行司法审判的请愿书。后来由市长蒂奇伯恩（Tichborne）提交给议会，他将这座城市卷入到了弑君的请愿当中。

与此同时，他们以类似的暴力行径将国王从怀特岛的新港转移到赫斯特城堡（Hurst Castle），直到对他的审判一切准备就绪。此时，议会为了不违背自己的誓言，以一道命令宣布至尊宣誓和

---

[1] 此事件史称"普莱德清洗"，托马斯·普莱德（Thomas Pride）上校率一支军队进入议会，驱逐了大约140名长老派议员。
[2] 根据克拉伦登出版社2010年版第312页注202，此处指的是1648年7月14日与7月20日下议院的投票：宣布苏格兰军队是英格兰王国的敌人，所有在英格兰帮助他们的人都是反叛者和卖国贼，而那些邀请他们的人都将被当作卖国贼而加以反对。

效忠宣誓制度（the oaths of supremacy and allegiance）[1]无效，紧接着制定了另一道命令对国王进行审判。

B：这是一项我过去不理解的法律。许多人逐一地发过誓，当他们集合在一起的时候，他们可以（如果他们愿意的话）解除誓言宽恕自己。

A：草拟的这条命令被提交至议院，经过"三读"程序[2]之后投票表决。"英格兰的上院议员和下院议员在议会里齐聚一堂，宣布根据王国的根本法，英格兰国王发动反对议会的战争是叛国行为。"投票结果送交上院议员，他们拒绝同意。愤怒的下院议员再次投票议决："不论上院议员同意与否，委员会的所有成员应按照命令继续行动。在上帝之下，人民是所有正当权力的源泉。下院拥有国家的至高权力。下院所颁布的一切都是法律。"在下院，此议案以无人表示反对（*nemine contradicente*）而获得通过。

B：这些提案不仅反对英格兰国王，也反对世界上所有的国王。他们的想法是好的。但我相信，在上帝之下，所有法律的源泉在于人民。

A：但人民为了他们自己和他们的子嗣，在很久以前已经通

---

[1] 1534年，英国通过《至尊法案》，赋予国王在教俗两界的至高权威。此后，议会通过了一系列的法令要求民众宣誓承认国王的至尊地位，至尊宣誓制度逐渐形成。玛丽一世统治时期废除了上述立法；1558年伊丽莎白即位后重新颁布《至尊法案》，恢复了至尊宣誓制度。至尊宣誓制度要求宣誓者承认国王在本国教俗事务中的最高权威，并排除罗马教廷和教皇在英国的管辖权。

[2] 三读是立法机关的一种立法程序：首读（First Reading），即法案或议案在立法机关首度曝光并宣读其标题。二读（Second Reading），是对法案、议案之内容及原则展开辩论，并交付议会专责委员会研究和修正。其后大会通过该法案、议案后，第二度宣读其标题。三读（Third Reading），是对经修正或无经修正之法案、议案的草案做文字上辩论。通过后，第三度宣读其标题。

过同意和誓言将国家的最高权力交到了他们国王（以及国王的继承人）的手中，结果传到了人人皆知的合法继承人，也就是这位国王〔查理一世〕手中。

B：但是，议会不代表人民吗？

A：是的，为了某种特定的目的。例如，当他们有所请求或受了冤屈的时候，被允许向国王递交请愿书，但不能对国王的权力心生不满。此外，议会从不代表人民，除非国王召唤他们；而且也很难想象国王召集一届议会来废黜自己。我们这样来理解这件事：每个郡和自治市镇都向这届议会捐赠了一笔钱，而每个郡的人在他们的郡法庭或者其他地方开会，每个自治市镇在他们的市政厅开会，各自选出将这笔钱带到议会的人。这些人难道不代表整个国家吗？

B：是的，毫无疑问。

A：你是否认为议会有理由被这些代表追究责任？

B：肯定不会。然而我必须承认这两种情况是一样的。

A：首先，这一命令总括了对国王的指控，归根结底就是：国王不满足于他的先辈对人民自由的侵犯，他计划建立一个专制的政府。为了达到这一目的，他在本国挑起并延续了一场反对议会的内战，使得国家惨遭破坏，公共财政被耗尽，成千上万的人被杀害，在其他方面也贻害无穷。其次，议会通过了组建高等法院的决议，决议规定了委员的人数，他们中任意二十个人就有权力审讯国王，根据案情的性质提起诉讼和进行审判，并监督其迅速执行。

〔1649年〕1月20日，星期六，这些委员于威斯敏斯特厅开会，国王被带到他们面前。他坐在一张椅子上，聆听对他的指控，但拒绝对自己是否有罪进行申辩，除非先让他知道他是以什么合法的权威被带到这里的。庭长告诉他议会确证了他们自己的权威，但国王仍然拒绝申辩。虽然他和庭长进行了很多对话，但这就是整个事情的实质。

1月22日，星期一，法院再次开庭。诉状律师提出，国王如果坚持否定法庭的权威，可能会被视同认罪（*pro confesso*）。但国王仍然否定他们的权威。

1月23日，他们再一次开庭。诉状律师建议法庭做出判决，国王被要求给出最后的回答。而他再一次否定了他们的权威。

最后，他们又在1月27日开庭。国王想要在绘厅[1]中于上、下院议员的面前受审，并且保证在那之后他会接受法庭的判决。委员们休庭半个小时来考虑此事，然后回来将国王再一次带到被告席上，并告诉他，他的提议不过是又一次否定了法庭的裁判权；如果他没有更多的话要说，他们就要继续诉讼了。接着，国王回答说他没有什么要说的，庭长就议会的诉讼理由开始了一段冗长的论证，列举了古代和近代英格兰、苏格兰以及世界其他各地的许多国王被恶毒议会杀害或废黜的例子。他努力基于以下这项原则证明所举的例子为正当的：人民拥有至高的权力，而议会就是人民。这一讲话结束后，国王被宣判死刑。在接下来的1月30日星期二，

---

1 绘厅（Painted Chamber），是威斯敏斯特宫中举行重要的国家庆典仪式的地方，毁于1834年的大火。

国王在自己的白厅宫门口被执行了死刑。想要了解国王从受审判到被处决期间是如何遭到士兵们恶毒虐待的人，可以自己去翻阅编年史。他会从中看到这位君主有怎样的勇气、耐心、智慧和善心。而在他们对他的指控中，邪恶的议会成员将他刻画成了一个暴君、卖国贼和杀人犯。

在国王被处死的同一天，他们通过了一项议会法案，鉴于还要为废除王权做出一些声明，现任议会以其自身的权威颁布：任何人不得僭越地宣布、声称、刊告，或以任何方式促使已故英格兰国王查理之子查理·斯图亚特（Charles Stuart），即通常所说的威尔士亲王，或其他任何人，成为英格兰或爱尔兰的国王，等等。

B：既然国王死了，而他的后继者被禁，那以什么样的公开权威来维持和平呢？

A：在反对上院议员的愤怒中，他们此前已经宣布了国家的最高权力在下议院；现在，在2月5日，他们投票认定上议院是无用且危险的。王国转变为民主制，或者不如说是寡头制；因为现在他们制定了一项法案，任何因反对不与国王通信的决议而被劝退的成员都不能被重新接纳。这些人一般被称为隐退成员（the secluded members）。其余的人被一些人标榜为议会，另一些人则认为他们是残缺议会（Rump Parliament）。

我认为，对于构成长期议会的绝大部分人的邪恶、罪行或愚蠢，你不必现在就拟定一个目录，世间不可能存在比它们更甚者。还有比漠视宗教、伪善、贪婪和残忍更邪恶的吗？这些在长老会成员和长老会牧师的行动中暴露得如此明显。还有比亵渎神明和杀死上帝指定之人更大的罪恶吗？这是独立派之所为，而长老派的愚蠢和最初的背叛将国王出卖给了谋杀他的人。上院议员难道一点也不愚蠢吗？他们看不出夺取国王的权力会使自己也失去特权，或许还认为他们自己在人数上或者在判断上，以某种方式帮了下议院一个大忙。至于那些精于法律的人，他们没能认识到本国的法律是国王制定的，是用于约束他的臣民以维持和平和正义的，而不是用于约束制定法律的国王本人：这是理解力不强的标志。最后总的来说，所有那些还没建立起更好的替代品，就毁坏对他们有好处的东西的人都是傻瓜。想要以军队来建立民主的人，应该拥有军队来维持它；但是，这些人建立了民主，而那些拥有军队的人却决定推翻它。说到这些傻事，我还想提一下那些杰出人士的愚蠢。他们读了塔利（Tully）[1]、塞涅卡或者其他反对君主制的人的书，就认为他们自己足以成为政治家。而当他们不能参与管理国家时就会表现出不满，并因假想中的国王或他的敌人的每一次怠慢，而在敌对的两边跳来跳去。

---

[1] 此处应是指西塞罗（Marcus Tullius Cicero），他的姓 Tullius 在英文中常写作 Tully。

第四部分

BEHEMOTH

PART 4

A：你已经看到残缺议会像他们相信的那样拥有了爱尔兰和英格兰两个王国的最高权力和为他们效力的军队；不过，克伦威尔有别的想法，他为他们辛勤地工作是为了达到自己的目的。所以，我现在要告诉你他们的行动。

B：请先告诉我，应该如何称呼这个在残缺议会或下议院的残余势力控制下的政府？

A：毫无疑问这是一个寡头政府。因为，一个国家的最高权威必然掌握在一个人或多个人手中。如果最高权威在一个人手中，那就是君主制，所以这个残缺议会的政府不是君主制。如果最高权威在不止一个人手中，那就是要么在所有人手中，要么在其中一部分人手中。当国家的最高权威掌握在所有人手中时，那就是民主制，因为每个人都有可能进入组建最高法庭（Sovereign Court）的人民大会。当时，他们无法做到这一点，因此，权力显然掌握在少数人手中，而国家就是寡头制。

B：如果人们要服从两个或两个以上的主人的话，人民是不是就不可能被很好地治理？

A：残缺议会和其他所有的主权机构，虽然他们有许多成员，但如果他们只有一种声音，他们也就像一个人一样。因为，互相矛盾的命令不可能包括在同一个声音里，被听到的只能是它们之中最有力的部分。因此，如果他们拥有足够的诚实和智慧的话，人们就可能被治理得很好。

残缺议会的第一项行动就是，将那些先前为了通过审判国王的决议而不得不以暴力方式禁止其进入议院的下议院成员除名。因为这些人曾经反对不与国王通信的命令，若不将其排除在外，可能会成为残缺议会未来计划的障碍。

B：倒不如说，由于掌握权力的人是少数，他们宁愿分享权力的人越少越好。如此一来，不仅每人分得的权力更多，而且更能接近如国王一般的尊贵地位。——是这样的吗？

A：答案显然是肯定的。那是他们的主要目的。

B：当这些人被议会除名之时，各郡和各自治市为什么不在各自的辖区内另择他人？

A：没有议院的命令他们不能那样做。

在这之后，残缺议会组成了一个40人的委员会，他们将其称作国家委员会（Council of State），其职能是执行残阙议会的命令。

B：在既没有国王也没有上议院的情况下，他们不能称自己是议会；因为议会是国王、上院议员和下院议员聚在一起商讨共和国事务的会议。而残缺议会与谁去商讨呢？

A：人们可能按自己的想法给他们的机构命名，不管这些名称在以前有什么样的意义，而残缺议会以"议会"（Parliament）自称，认为这最符合他们的宗旨。因为，几百年来，这一名称得到人们的尊敬，它为国王的津贴和其他税收背书，弱化臣民对它们的厌恶程度。他们后来还使用了另一个称呼，也就是"英国自由的守护者"（Custodes Libertatis Angliae），他们只有在通过法院颁布令状的时候才使用这一头衔。

B：我不明白，一个受法律约束的臣民在一种政府形式下怎么会比在另一种政府形式下拥有更多的自由。

A：无论如何，那些仅仅将自由理解为只有在做他们（议会）所列出来的事情时才不受阻碍的人民，不会不对这一头衔报以感激。

他们的下一项工作就是发布一份公开的宣言，自称要坚定地维护国家的根本法，也即保护人民的生命、自由和财产。

B：在他们看来，所谓"国家的根本法"指的是什么？

A：除了虐待人民以外别无其他。因为，唯一一条对所有共和国都适用的根本法就是时时服从人民给予了最高权力的人所制定的法律。在他们已经杀害了那个他们一直以来都承认是自己合法君主的人的背景之下，残缺议会又如何可能维护根本法？不仅如此，在这一宣言发表的同时，他们正在设立高等法院，而正是这一法院夺取了汉密尔顿公爵、霍兰德伯爵和卡佩尔勋爵（Lord Capel）的性命。不管他们所说的根本法是什么意思，这一法院的建立就违背了根本法，因为这在英格兰先前的法律或判例中从未被允许过。

此时他们竟通过士兵来征税，并向被允许免费驻扎的士兵征税，如此等等，不一而足。如果国王做这些事情的话，反而会被他们这些议会成员指责，说这些侵犯了臣民的自由和财产权。

B：这些普通人是有多么愚蠢啊，以至于会上当！

A：在这件事上，又有哪种人不是普通人？残缺议会中所有狡猾无比的恶棍都不比其余那些受他们欺骗的人聪明。因为，他们中的绝大部分相信，他们施加给大多数人的东西是公正而合理的，尤其是那些高谈阔论者，还有自诩有学识的人。这些人的原则是从君主制的敌人那里得来的，例如西塞罗、塞涅卡、加图（Cato）等古罗马政治家，以及雅典的亚里士多德，除了把国王们说成是狼或其他饥饿的野兽外，他们很少谈论国王。这些人在君主制中能成为好臣民吗？你也许认为，人只需要有天生的良好才智，不需要借助其他任何东西，就能知道他对统治者的义务，以及统治者有何权利命令他。但情况不是这样，因为这是一门建立在确定而清晰的原则之上的科学，要通过深入而认真的学习才能学会，或是从那些深刻研究过它的大师那里学来。在议会或国家中，有谁能够发现那些明显的原则，并从中推导出正义的必然法则，以及正义与和平之间的必然联系呢？人民每七天可以有一天闲暇来聆听教导，还有指定的牧师来向他们教授应尽的义务。但是，这些牧师是怎样尽他们的职责的呢？他们中的大部分人，也就是长老派牧师，在整个战争中都在煽动人民反对国王。独立派和其他狂热派牧师们也是这样做的。至于其余的牧师，因为满足于自己的有俸圣职，在各自的教区散布争议观点，这些观点与宗教无关，而对于破坏他们的仁慈却非常有效；要不然，就滔滔不绝地谈论一些人们或是不理解或是漠不关心的事情。但这类传道士，既没有做什么好事，同样也没造成什么危害。一切危害都来自长老派传道士，他们以长期磨炼的煽动技巧，强有力地宣扬叛乱。

B：为了达到什么目的？

A：为了使国家变成人民的，还有教会也变成人民的，并由一个机构来统治。而结果就是，像他们所想的那样，由于政治从属于宗教，他们就可以统治。这样就不仅满足了他们对财富的贪婪，还可以让他们利用权力除掉所有不仰慕他们智慧的人，从而实践了他们的恶意。你叫这些人蠢货，使我不得不偏离主题来向你证明，不是缺乏智慧，而是缺乏正义的科学，让他们陷入这样的困境。如果可以的话，你劝劝他们，劝告那些发了财的人，让自己更加富有的人，雄辩的预言家，令人陶醉的诗人，精明的律师，或者仅仅是缺乏优秀才智的好猎人或狡猾赌徒。然而所有这许多人都如此愚蠢，以致受残缺议会及其成员的蒙骗。他们不缺乏才智，而是缺乏知识——关于一个人有权利统治、其余人有义务服从的原因和根据的知识。这些必须教给人民，没有这些知识，他们之中就不能长久地保持和平。

B：如果您愿意的话，让我们回过头来说说残缺议会的行动。

A：在这一年剩下的日子里，他们为国家硬币的新图样进行投票。他们还仔细考虑了向外国派出使节。他们还因在高等法院所做的工作而赢得军队的喝彩，被鼓励再接再厉。他们使上述的高等法院更加完备，该法院审判了汉密尔顿公爵、霍兰德伯爵、卡佩尔勋爵、诺威奇伯爵和约翰·欧文爵士。正像我在前面提到的，

364

其中前三个都被砍了头。这吓坏了许多在境外的国王同党。不仅他们，还有所有那些为国王拿起武器的人，当时都处在危险之中；因为，军队曾在一次战争委员会的会议上提出如下问题，是否应该把他们全部杀掉。反对的声音以两票的优势占了上风。最后，他们在〔1649 年〕3 月 24 日罢免了伦敦市市长，罚了他 2000 英镑，剥夺了他的公民权，判他在伦敦塔中蹲两个月的监狱，这都是因为他拒绝宣布废除国王权力的法案。这样，1648 年结束了，斋戒月也结束了。上帝赐予他们为之而斋戒的，正是国王的死和对他的遗产的占有。因为这些所作所为，他们已经普遍地失去了民心，除了军队再没有什么可以信任的人了。而军队已不在他们的控制之下，而是在克伦威尔的控制之下。克伦威尔从未失败过，一有机会，就欺骗他们〔残缺议会〕采取令人民厌恶的举措，以便在将来可以随时为实现自己的目的而除掉他们。

1649 年年初，苏格兰人对残缺议会向已故国王发起诉讼感到不满，开始招募士兵掀起对英格兰的新的进攻。另外，由于英格兰没有及时地抗击爱尔兰的反叛，使其局势变得非常糟糕。而国内的英格兰军队在鼓动员的影响下，正在盘算着如何在虔诚的人们之间（也就是在他们自己和他们所喜欢的其他人之间）分配土地，所以这些人被叫作平等派。残缺议会此时资金也不太充足，所以他们做的第一件事就是向人民征收每月 9 万英镑的税金以维持军队。

B：没有经过议会成员的同意就征税，难道这不是他们和国王争吵的其中一条内容吗？

A：从这里你能看出，残缺议会必须自称是议会的原因。因为议会所施加的税收总被理解为是经过人民同意的，当然就是合法的。为了安抚苏格兰人，他们派信使送去献媚的信件，希望前者不再为现任国王[1]而卷入战斗。但这是徒劳的，因为苏格兰人不会听取在威斯敏斯特的下议院的任何意见，他们称呼它是一个没有国王和上议院的下议院。但他们派专员到国王那里，让他知道他们正在为他做什么：他们决定自行组建一支包括17,000名步兵和6000名骑兵的军队。

为了缓解爱尔兰的局势，残缺议会决定从英格兰军队中抽出11个军团派去那里。这恰好有利于克伦威尔，因为，在每个团中都有很多平等派士兵，在某些团中甚至大部分人都是；当他们发现不是要在家乡分割土地，而是要去爱尔兰冒险，就直截了当地拒绝了。还有一个团，在索尔兹伯里（Salisbury）附近革除了他们上校的职务，正进发去加入抱有同样决心的另三个团。但上将和克伦威尔在伯福德（Burford）联手发动攻击，最终击败了这几个团，很快使整个军队服从于他们。这样克伦威尔前进的另一个障碍被迅速除掉了。此事之后，他们去了牛津，接着又去了伦敦。在牛津，上将和克伦威尔被赋予了民法学博士的头衔；在伦敦，整个城市以盛大的宴会迎接款待他们。

B：他们不是先成为硕士（master），然后才被尊为博士的吗？

A：他们已经让自己成为主人（master）了，既是法律的主人也是议会的主人。军队现在唯命是从，残缺议会将那11个军团派

---

[1] 苏格兰人不满查理一世国王被处死，于1649年2月5日宣告他的儿子查理·斯图亚特为爱丁堡国王，1651年元旦加冕，称查理二世。

到了爱尔兰，听从克伦威尔博士的号令。他被冠以那个王国〔爱尔兰〕的总督之名，费尔法克斯勋爵仍然是英格兰和爱尔兰所有部队的将军。

当年的奥蒙德侯爵，如今的奥蒙德公爵（Duke of Ormond），是国王任命的爱尔兰总督。反叛者们自行组成同盟。而这些同盟者与这位总督结成了某种联盟，后者同意赋予前者在宗教事务上的自由，以换取前者对国王的忠诚和支持。而由卡斯尔黑文伯爵（Earl of Castlehaven）、克兰里卡德伯爵（Earl of Clanricarde）和英奇昆勋爵（Lord of Inchiquin）三人组建的军队也加入了他们，因此这一同盟成了这个岛屿上最强大的力量。然而，在他们之中有许多无论如何都不会臣服于新教的天主教徒，是为尼修派（Nuntio's party），而其他人则被称为同盟派（confederate party）。正在两派互不相让之时，同盟派撕毁了他们的盟约。总督看见他们准备在都柏林包围他，又没有能力抵抗，为了保护新教徒的地盘，就将该城拱手让给了英格兰的议会军。而在国王被军队裹挟辗转各地的途中，他曾短暂拜访过国王。后来他又从英格兰跑到了当时在巴黎的〔威尔士〕亲王（现在的国王）那里。

但是，同盟派听闻残缺议会正派一支军队前来的消息，吓坏了。他们写信给〔威尔士〕亲王，想要他送还奥蒙德勋爵，并答应绝对服从于国王的权威，以及总督奥蒙德勋爵的命令。于是，奥蒙德就被送回来了。这是在克伦威尔大举进攻的前一年〔1648年〕。

在此时期，由于爱尔兰的同盟派和尼修派的争吵，以及对指挥的不满，这支本来足够强大的力量没有发挥任何作用，最后，在〔1649年〕8月2日突围都柏林的战斗中被击败了。此后的几天之内，克伦威尔到了，他在那里待了不到12个月，以超常的勤奋和可怕的残杀，在某种意义上征服了整个国家——杀掉或消灭了他们中的大部分人，并留下他的女婿艾尔顿降服其余的人。但艾尔顿在完成这一任务之前就因瘟疫而死在了那里。克伦威尔距离登上王座又近了一步。

B：爱尔兰被罗马的学说削弱到多么悲惨的境地了呀，就像英格兰被长老派教士的学说削弱了一样。

A：在前一年〔1648年〕的年末，国王从巴黎到了海牙（The Hague）。没过多久，残缺议会将他们的使者、民法学博士多里斯劳斯[1]派往那里，他曾参与草拟对已故国王的控词的工作。在他抵达的第一晚，一群骑士党人[2]，大概有12个人，趁他进晚餐时闯进他的房间，杀死他之后逃跑了。此后不久，他们在马德里的使者，一个叫阿斯卡姆[3]的人，以同样的方式被杀害。他曾著书为他的主子们辩护。大约此时，有两本书问世：一本是萨尔马修斯[4]写的，他是长老派，反对杀害国王；另一本是弥尔顿（Milton）所写，他是英格兰独立派，他的书是对第一本书的驳斥。

B：这两本书我都看过。他们的书都是用文笔优美的拉丁文写成，很难判断哪一本更好。两者的逻辑都很混乱，也很难判断

---

[1] 伊萨克·多里斯劳斯（Isaac Dorislaus, 1595—1649），荷兰加尔文派历史学家和律师，是克伦威尔统治时期的重要官员。

[2] 保王党也称骑士党（cavaliers）。

[3] 安东尼·阿斯卡姆（Anthony Ascham, 1614—1650），英国学者、政治理论家、议会议员和外交官。

[4] 克洛德·萨尔马修斯（Claude Salmasius, 1588—1653），法国古典学者。

哪一本更糟。就像在修辞学校出于练习目的而由一个人分别撰写立论和驳论那样，长老派与独立派也是彼此彼此。

A：这一年〔1649年〕残缺议会在国内没有做什么事，除了年初他们通过一项法案使英格兰成为了一个自由国家："本届议会以其权威制定法律并宣告，英格兰民族，及其所属的领土和领地，从现在开始将建立并成为一个自由的共和国。特此宣告。"

B：他们所说的一个自由的共和国指的是什么？是说人民不再服从法律了吗？他们不会是那个意思，因为议会想要以他们自己的法律统治人民，并惩罚那些违反法律的人。他们的意思是英格兰不再臣服于任何外来的王国或共和国吗？那这不需要颁布法案，因为再没有国王也没有任何人声称是他们的主人了。他们是什么意思呢？

A：他们的意思是，除了他们自己而外，任何国王，或别的什么人，都不能做人民的主人，而且要以那些明白的语言将这写下来。就像人民会被不容易懂的语言欺骗一样，人民也会被明白易懂的语言欺骗。

此后，他们彼此瓜分了保王党的土地和财产。他们还颁布了一项每个人都必须遵守的誓言，是这样写的："你应承诺对现在建立的没有国王和上议院的英格兰共和国的真诚和忠实。"

他们还将所有的保王党驱逐到距伦敦20英里以外的地方，禁止他们任何人离开居所超过5英里。

B：他们的意思也许是做好准备，如果必要的话，进行大屠杀。但苏格兰人此时在做什么呢？

A：他们正在考虑他们为国王招募的军队的军官人选。他们想要将以下这些人排除在外，例如，曾效忠于现任国王的父亲〔查理一世〕的人，所有独立派，以及所有曾在汉密尔顿公爵军队中做过指挥的人。这些就是这一年发生的主要事件。

蒙特罗斯侯爵曾于 1645 年在苏格兰率领少数人在很短时间内做出非凡壮举以抗击已故国王的敌人，他在 1650 年年初再次在苏格兰北部登陆。他得到了现任国王的委任，并且希望好好地为国王效劳，就像他以前为老国王效劳一样。但是，情况有变：之前苏格兰军队在英格兰为议会服务，而现在他们在苏格兰，还为计划中的侵略，新近扩编了军队。不仅如此，侯爵带来的士兵很少，而且都是外国人，苏格兰高地人也没有像他预期的那样投靠他，因此他很快就被击败了。此后不久，侯爵于 5 月 2 日被爱丁堡的盟约派抓住并处决了[1]，他们对侯爵的恶意远远超出了复仇的需要。

B：在缔结条约期间，国王这位最好的臣民的遭遇，已暴露出他们对国王怀有如此的敌意。而国王与这些人联手，能期望从中得到什么好处呢？

A：毫无疑问，当时他们的教士遍布各地，如果他们能够因此而像他们愚蠢地期望的那样统治这个国家的话，他们对现任国王犯下的恶行会像英国议会对他的父亲犯下的一样多。我认为独立派并不比长老派更坏：他们都决心毁掉阻挡他们野心的一切。但

---

1 霍布斯此处记述有误：蒙特罗斯侯爵实际死于 1650 年 5 月 21 日。苏格兰盟约派（Covenanters），指签署 1638 年《国民圣约》与签署 1643 年《庄严同盟与圣约》的苏格兰长老派，主张无限主权归属上帝，反对君权神授。

国王迫于当务之急不再计较他们的种种不敬之处，这总好过自己在英格兰的权利无法收复，甚至化为泡影。

B：我真的认为，如果一个王国不幸成为久远的历史，那就很难再复苏了。此外，国王确信，不论胜利在哪一方，他在战争中除了失去敌人外，什么也不会失去。

A：大约在蒙特罗斯去世的时候，那是在5月，克伦威尔还在爱尔兰，他的工作还没有完成。但他自己发现，或者是他的朋友建议，对于他的计划来说，他有必要在准备进行的抗击苏格兰人的远征中露面。所以他派人去探听残缺议会是否乐意他回去。而就他所了解的情况而言，他或是早已知道答案，或是认为没有必要等待他们的回答，就直接回去了，并在接下来的6月6日到达伦敦，受到了残缺议会的欢迎。现在费尔法克斯将军，像他所称的那样，真正地成为长老派了。他在当地长老派牧师的诘问教导下，拒绝与苏格兰的教友兄弟们对抗作战，而残缺议会和克伦威尔都没能在这一点上改变他的心意。费尔法克斯辞去了对他的委任，克伦威尔现在被任命为英格兰和爱尔兰所有部队的上将，距离主权权力又近了一步。[1]

B：国王在哪里呢？

A：国王刚去了苏格兰。他在苏格兰北部登陆，尽管他与苏格兰人之间并未就一切达成一致，但还是被隆重地迎到了爱丁堡。

---

[1] 在克拉伦登出版社2010年版中，此处多了一段话："同时，在苏格兰出现了不止一个苏格兰的控制者。他于6月12日向他们进军，7月21日到达贝里克，他的军队有骑兵和和步兵共16,000人。"

虽然他已经屈服于与已故国王在怀特岛时一样苛刻的条件，但他们还要变本加厉，直到他再也忍受不了，离开他们返回苏格兰北部。他们派信使追上他请求他回去，并让这些信使带上足以迫使他回来的兵力，以防他拒绝。最终，他们达成了一致，但不容许国王或者任何保王党人做军队的指挥。

B：总之，国王在那里就是一个阶下囚。

A：克伦威尔从贝里克向苏格兰人送去一份声明，告诉他们：他与苏格兰人民没有不和，不过是反对为破坏英格兰和苏格兰两国和平而迎回国王的邪恶党派。而他愿意通过磋商使双方满意，不然就以战事来做出公正的裁决。对此，苏格兰人的回答宣称，在国王为他和他的家族的过往行径认罪，并让两个王国的上帝子民满意之前，他们不会出卖他的利益。由此可以判断现任国王在苏格兰的境遇是否如他的父亲在英格兰长老派手中时那样糟糕。

B：长老派在哪都一样：他们欣然成为他们认识的所有人的绝对统治者，并且不对此做任何辩护，只是说在他们当政的地方是上帝在当政，而其他地方则不是。但我看到一个奇怪的要求，那就是要国王承认其家族的罪恶；因为，我认为显然所有神学家都持这样的观点，除了他自己的罪，没有人必须要承认任何其他人的罪。

A：国王已经对教会的所有要求让步了，苏格兰人则继续着他们想要的战争。克伦威尔挺进至爱丁堡，尽其所能地向他们发起挑衅；但苏格兰人始终拒不出战，同时英格兰军队的给养日渐匮乏。克伦威尔对于胜利绝望了，改向邓巴（Dunbar）撤退，想要从海路或陆路撤回英格兰。这位克伦威尔将军,其指挥是如此冒进,以致将他的军队带入这般境地。如果不是命运和敌人的失误给他解围的话,他所有的荣耀都已在耻辱和惩罚中结束。在他撤退时,苏格兰人一路紧跟,直到离邓巴不到一英里的地方。附近有一片山脉,山脊从爱丁堡外围蜿蜒至海边,在一个名叫作柯普斯佩思(Copperspeith)的小乡村与邓巴和贝里克之间的公路相交。此处道路如此难走,如果苏格兰人能及时派小队人马在此把守的话,英格兰人将永远都回不了家。一旦苏格兰人把守住这些山头,不需要战斗就占据了巨大优势,可以说是稳操胜券。克伦威尔的军队来到这片山脉的北面山脚下,发现在山脉与公路之间有一条巨大的沟渠,或者说是湍急的洪流。所以他永远也不可能从陆路回家,也不敢尝试渡船,这会有全军覆没的危险;也不能原地不动,因为缺乏补给。现在克伦威尔得知通道无人把手,便派一队精锐的骑兵和步兵占领它。战斗已是在所难免,除非苏格兰人放他们走——苏格兰人吹牛说英格兰军队已经是笼中之鸟了。苏格兰人先以最精锐的骑兵部队进攻英格兰人,一开始迫使英格兰军队稍作退缩。但英格兰步兵紧跟上来,对方就被击退了。而逃跑的骑兵阻挡了进攻之中的步兵,所以步兵和剩余的骑兵也逃跑了。愚蠢的苏格兰指挥官,把他们的所有胜算押在了两小支队伍势均力敌的战斗上,而命运将胜利赐予了英格兰人,后者的人数与被杀死和俘虏的苏格兰人相差无几。苏格兰教会失去了他们的大炮、包袱和辎重,1万件武器,几乎全军覆没。仅存的兵力被莱斯利(Lesley)集合起来去了斯特灵(Stirling)。

B：这一胜利恰好有利于国王。因为如果苏格兰人胜利的话，那苏格兰和英格兰的长老派就会再一次夺权，而国王在苏格兰军队的手中，这就和他父亲在纽卡斯尔的情况一样了。通过夺取这一胜利，英格兰人最终让苏格兰人养成了服从国王的好习惯，无论他想要何时恢复他的权利。

A：英格兰人乘胜追击，进军爱丁堡（苏格兰人放弃了此城），在利斯（Leith）设防，并接收了福斯湾[1]南侧所有他们认为应该收归己方的兵力和城堡。现在福斯湾成为两个国家之间的界限。苏格兰教会开始更加认清自己，并决定允许一些保王党人来号令他们想要征召的新军队。克伦威尔从爱丁堡向斯特灵进发，引诱敌人出战，但发现此举有风险，便返回爱丁堡，包围了城堡。在此期间，他派了一队人马到苏格兰西部去镇压斯特朗（Strachan）和克尔（Kerr）两大长老派，这两派正在那里为他们的军队招募新兵。与此同时，苏格兰人在斯昆（Scone）为国王加冕。

这一年〔1650年〕接下来的时间在苏格兰发生了以下事情：克伦威尔一方，夺取了爱丁堡城堡并试图跨过福斯湾，尝试所有其他攻克苏格兰军队的途径；在苏格兰人一方，他们正在加紧为北方的战事征兵。

B：残缺议会此时在国内做什么呢？

A：他们投票通过了各教派的信仰自由，也就是说，他们拔掉了长老派这根毒刺。后者致力于向人民灌输奇怪的思想，这些思

1　此处两个版本都误将福斯湾（Firth）写作 Frith。

想虽无关信仰，却有助于增强长老派牧师的权力。他们还招募了更多的士兵，让哈里森（Harrison）来指挥。他是一个第五王国派，现在成了少将。而这些士兵中有两个骑兵团和一个步兵团是由第五王国派和其他宗教派别组成的，他们对推翻长老派专制并获得自由而心怀感激。他们还将矗立在伦敦皇家交易所（the Exchange）的已故国王雕像推倒，并在它曾经所在的壁龛中写下这样的话："赶走专治，最后一个国王，等等。"

B：这对他们有什么好处？他们又为什么不推倒所有其他国王的雕像呢？

A：对于这样并非出于理性而是出于怨恨和类似激情的行为，能给出什么解释呢？此外，他们还接待了承认他们权力的葡萄牙和西班牙大使。这一年〔1650年〕的年末，他们还准备派大使到荷兰去示好。除此以外，他们做的所有事情就只有迫害和处死保王党了。

1651年年初，迪安将军（General Dean）到达苏格兰。4月11日，苏格兰议会召开，他们通过了一些法案，目的是更好地团结自己人，以及更好地服从国王。国王此时在斯特灵和他麾下的苏格兰军队在一起，正期望招募更多兵马。克伦威尔几次从爱丁堡前往斯特灵，引诱苏格兰人出战。那里没有供他的人马涉水的浅滩。终于，援军从伦敦和纽卡斯尔乘船抵达，奥弗顿上校[1]——尽管间隔时间过长，当时已是7月了——运送了1400名他所率领的步兵，

---

[1] 罗伯特·奥弗顿（Robert Overton，1609—1678），英国内战时期著名的军官和学者。他支持议会，并持强烈的共和主义观点，在护国主时期以及王政复辟时期曾多次入狱。

以及另外一个步兵团和四队骑兵抵达河对岸,并在北面渡口挖壕沟设防。在得到来自斯特灵方面的任何增援之前,兰伯特将军[1]也将大约同等数量的士兵运到了对岸。此时,约翰·布朗爵士(Sir John Browne)正以4500人的兵力阻击他们,但英格兰人将其击败,杀死了大概2000人,俘虏了1600人。在确保了充足的兵力抵达河对岸之后,克伦威尔乘胜向圣约翰斯通(St. Johnstone)进军——这里原本是苏格兰议会的所在地,但在听到克伦威尔跨过福斯湾的消息后,议会就转移到了邓迪(Dundee)。而在同一天,克伦威尔得到确凿的消息:国王正从斯特灵向英格兰进发。尽管国王已在三天前动身,但克伦威尔仍然决定在追击之前先拿下这座城镇,于是,第二天就迫使它投降了。

B:在腹背受敌、无人接应、手中没有一兵一卒的情势下,国王进入英格兰又能有什么指望呢?

A:希望尚存。前方就是伦敦城,那里的人们普遍痛恨残缺议会,可以轻而易举地召集2万名武装齐备的士兵。而大多数人都相信,只要国王逼近伦敦城,他们就会站在他一边。

B:这有多少可能性?您是否认为残缺议会并不确信市长和那些号令民兵组织的人会效忠?如果他们真是国王的朋友,又何必等到他来伦敦城呢?如果愿意的话,他们可能已经俘获毫无自卫能力的残缺议会了,至少已经将他们赶出议院了。

A:他们没有这样做。恰恰相反,他们允许克伦威尔的军队

---

1 约翰·兰伯特(John Lambert, 1619—1684),英国议会派将军和政治家。

招募新兵、组建军队，阻止国家站到国王一边。国王在7月的最后一天从斯特灵出发，8月22日，约13,000人的疲兵取道卡莱尔（Carlisle）到达伍斯特。克伦威尔紧随其后，与新招募的士兵会合，以4万兵力包围了伍斯特，并于9月3日最终击败了国王的军队。在那里，汉密尔顿公爵，那个被砍头的人[1]的兄弟，遇害了。

B：国王怎么样？

A：趁着夜幕降临，他在该城被攻破之前离开了。当时天色已晚，而劫掠的步兵怕骑兵进城和他们分享战利品，所以关闭了城门，导致城里没有追踪他的骑兵。国王在黎明之前到达沃里克郡（Warwickshire），距离伍斯特25英里远。他在那里乔装打扮，后来又在害怕被发现的巨大恐惧中东躲西藏，直到最后他从萨塞克斯（Sussex）的布赖特赫尔姆斯通（Brighthelmstone）[2]逃到了法国。

B：克伦威尔走后，苏格兰又发生了什么？

A：8月14日，蒙克中将（Lieutenant-General Monk）率领克伦威尔留下的7000人迫使斯特灵投降。9月3日[3]，在邓迪遭遇反抗，以猛攻夺取。士兵们在这座城市大肆劫掠，获得了丰厚的战利品。这是因为，苏格兰人为了安全起见，将他们最贵重的物品从爱丁堡和圣约翰斯通运送到那里。他还迫使阿伯丁（Aberdeen）和圣安

---

1 "被砍头的人"，指1648年被残缺议会判处死刑的汉密尔顿公爵。
2 即今天英国的布莱顿（Brighton）。
3 霍布斯的记述有误，应为1651年9月1日。

德鲁斯[1]投降,在后者那里苏格兰牧师最先学会扮演丑角。在苏格兰高地,阿留雷德上校(Colonel Alured)将一小队贵族和乡绅,有4位伯爵、4位勋爵和20多名骑士与乡绅,作为囚徒送往英格兰。所以苏格兰已经不足为惧了,残缺议会所有的麻烦都如愿解决。最后他们决定与苏格兰合并,将其融入由英格兰和爱尔兰组成的共和国之中。为此目的,他们派出圣约翰[2]、范内[3]和其他专员,向苏格兰人公开宣告这一联合,通知其选出各郡和各自治市的代表,并将这些代表派到威斯敏斯特去。

B:这是很大的恩惠啊。

A:在我看来是这样的,然而这遭到了许多苏格兰人,尤其是牧师和其他长老派成员的拒绝。牧师们被迫同意为支付英格兰的军费而征税,但坚决反对英格兰人所宣称的(联合)。

B:在我看来,为他们的征服者买单才是受到某种奴役的标志,而加入联邦不但能使他们获得解放,而且能被赋予同英格兰人一样的特权。

A:长老派给出了他们拒绝联合的理由,亦即这将使教会在

---

1 圣安德鲁斯(St.Andrew's),名字来源于圣徒安德鲁(St. Andrew)。安德鲁是耶稣的十二使徒之一,也是使徒彼得的弟弟。在耶稣被钉死在十字架之后,安德鲁在欧洲四处传教,在希腊遭到罗马教徒迫害,被判处死刑,钉死在十字架上。安德鲁死后,一位修道士圣雷格拉斯将他的遗骸带回苏格兰,埋在东海岸,此地就是圣安德鲁斯城堡和圣安德鲁主教座堂的所在地。此后,他被视为苏格兰的守护神,同时也是希腊、俄罗斯和罗马尼亚的守护神。每年的11月30日是圣安德鲁日,苏格兰各地都会举行庆祝活动。圣安德鲁斯镇是英国新教牧师最先开始反抗罗马天主教权威的地方。

2 奥利弗·圣约翰爵士(Sir Oliver St. John, 1598—1673),英国法官和政治家,1640—1653年任下院议员。

3 小亨利·范内(Henry Vane the Younger, 1613—1662),英国政治家,议会派的领导者之一,曾拒绝发誓赞同对查理一世的死刑判决。为区别其父,有时称哈里·范内。书中出现的范内均指小亨利·范内。

基督教事务上从属于世俗国家。

B：这是一项对一切国王和国家所发表的直白宣称：在基督教事务上，长老派牧师不能成为任何个人或国家的真正臣民，也就是说，不管具体是什么事务，他们都拥有自主裁量权。如果我们摆脱教皇的暴政，只是为了让这些卑鄙小人取而代之的话，这又有什么好处呢？他们能让公众受益的唯一方式不过是闭嘴而已。他们的学识，充其量只是希腊文和拉丁文方面的不完备知识，对《圣经》语言的熟稔，以及适合布道的手势与语调。但他们对于正义、慈爱和宗教的仪礼，无论是在理论还是实践上都一无所知，这一点可以从我之前告诉过您的故事中得到证实。除此之外，他们也没有辨别他人虔诚与否的能力，不过是用一些条条框框束缚那些有判断力的人，或是用喋喋不休的布道迷惑那些普通人而已。

A：但是，苏格兰人的这种不情不愿没有任何意义。因为正是他们派出的代表前往威斯敏斯特参与议会，制定了合并两个国家以及废除苏格兰君主制的法案，并下令惩罚违背此法案的人。

B：残缺议会在这一年〔1651年〕还做了其他什么事情？

A：他们派圣约翰和斯特里克兰（Strickland）大使去了海牙，谋求与联合省结盟，于3月3日得到接见。圣约翰在一次发言中表明，联合省若利用英格兰的港口和海湾，能在贸易和航海上得到哪些好处。荷兰政府虽然对这件事没有多大的积极性，但还是派专员与他们磋商。而人民却普遍地反对结盟，把这些大使和他们的随员称作叛徒和杀人犯（名副其实），还在他们的住宅附近制造骚乱，使得那些随员不敢出门，直到政府平息了这些骚乱。于是，残缺议会发出通知，马上召回大使。在他们离开的时候，圣约翰对那些专员的致辞值得一听。他说："你们看到了苏格兰发生的事情，所以拒绝我们提出的友谊。现在我可以确定地告诉你们，议会中有许多人主张，在我们将他们和国王之间的那些事务分开之前，不应该派任何使者到你们这里，而是在此之后等待你们的使者到我们那里。现在我察觉到我们做错了，而那些乡绅是正确的。在不久的将来，你们会看到贸易的中断，接下来你们就会前来寻求我们曾慷慨提供的。而那时你们将会感到困惑，为什么当初拒绝了我们的提议。"

B：圣约翰并不确定苏格兰的事情会像后来那样结束。因为，虽然苏格兰人在邓巴被打败，但他无法预知他们与英格兰合并的事件，就像后来发生的那样。

A：但有一点他猜对了：在伍斯特战役之后的一个月内，英国人就通过了一项禁止从本国以外的船只上进口货物的法案。他们也阻挠荷兰人在英国的海湾上捕鱼，还多次检查他们的船只（在英国与法国作战的时候），并将一些船只收为战利品。接着，荷兰人派他们的大使前来，想要得到他们之前所拒绝的东西，同时部分也是想探听英国人的海军军力如何，以及该国人民是否对政府满意。

B：他们后悔得好快。

A：现在，残缺议会像当时的荷兰人那样，对和约表现出很不情愿的样子，对那些毫无可能达成一致的条款拒不退让。第一，关于在英国海岸捕鱼，他们如果不付钱就无法获得许可。第二，英国人要在从米德尔堡（Middleburgh）到安特卫普（Antwerp）的诸多港口之间自由贸易，恢复他们在荷兰人反对西班牙国王之前所拥有的权利。第三，他们要求对方就过去的摩擦做出补偿，当然，安汶岛的事[1]绝不会被忽略。所以，这场战争已在所难免，但由于时节不利，他们直到下一年春天才开始行动。这场争端的实质，从英国一方来看，是因为他们主动提出的友谊受到了怠慢，而且他们的大使受到了侮辱；而从荷兰一方来看，引发战争的是他们想要独占贸易权益的贪婪，以及对双方实力的错误估计。

当这些事情正在进行的时候，在爱尔兰和苏格兰，战争余波的影响仍无法被忽略，两国直到两年之后才完全和平。对保王党人的迫害仍然在继续，在他们之中有个叫洛夫先生（Mr. Love）的人，因为收藏了与国王的通信而被砍头。

B：我曾认为一个长老派牧师无论如何都不会成为一个保王党，因为他们认为长老会议在基督教事务上拥有最高权力，而根据法令，他们在英国就成了叛国者。

A：你现在仍然可以这么认为。我将洛夫先生叫作保王党，仅仅是为说明他被定罪的名义。在阿克斯布里奇条约缔结期间，正是他向特派专员们宣称，让国王和议会达成一致，就像让天堂和地狱和睦相处一样。他和其余的长老派都曾出于他们自己而不是国王的原因，同时成为国王与克伦威尔及其狂热追随者双方的敌

---

[1] 这里指安汶岛屠杀（Amboyna massacre）。1623年，荷兰东印度公司在今天印度尼西亚的摩鹿加群岛（Moluccas）杀害了包括英国东印度公司职员在内的20人，英国政府此时为这一事件向荷兰政府施压。

人。他们的忠诚就像约翰·霍瑟姆爵士的忠诚一样，后者将国王拦在赫尔城外，后来又想将此城出卖给纽卡斯尔侯爵（Marquis of Newcastle）。因此，将这些长老派牧师称作忠诚并不恰当，毋宁说是双重的背信弃义——除非你将这种双重的背叛视作忠诚，就像两次否定可以得到肯定一样。

锡利群岛、马恩岛（Man）、巴巴多斯（Barbadoes）和圣克里斯托弗岛（St. Christopher）也在这一年服从了残缺议会。同年还发生了一件令他们不悦的事情，那就是，克伦威尔根据议会以三年为任期的法案通知他们重新举行选举。 *383*

B：我觉得这要求确实苛刻。

A：1652年5月14日，荷兰战争的序幕以如下方式被揭开：三艘荷兰军舰，上面载着好几个从海峡（straits）来的商人，被一位率领着几艘英国护卫舰的扬船长（Captain Young）发现。这位扬船长向对方舰队司令发出命令，让他降下旗帜。这是在英吉利海峡承认英国领海权的通常做法，后者依令执行。接着，荷兰舰队副司令的舰船抵达，也被命令降下旗帜，但被副司令断然拒绝。然而，在相互发射了四五发炮弹，双方舰船都有所损伤之后，他把旗帜取下来了。此时，扬船长再次下令，要求对方交出副司令本人或他的船，以补偿己方所受到的损害。对此，荷兰舰队副司令的答复是，他已经降下旗帜，但会保卫他本人及所在舰船不受侵害。于是，扬船长与麾下其他船长商议认为，为了避免在此时（缔结条约的时候）爆发战争（这会让他自己承担挑起战争的责任），加之夜晚将近，此时不再追究为宜。

B：战争肯定是从这个时候开始的。但挑起这场战争的是哪一方呢？

A：答案毫无疑问是荷兰人。因为，这片海域的控制权属于英国人，何况这一点最初也得到了荷兰舰队司令的和平承认，而最后降下旗帜的舰队副司令也是如此。

大约两星期后，另一场情况类似的战斗爆发了。荷兰海军统帅范·特龙普[1]带着42艘军舰，来到古德温沙洲的背面。而此时英国海军少校布恩[2]正和议会军的部分船只驻守在唐斯[3]，海军司令布莱克则率领余下的舰船在西边更远的地方停靠。范·特龙普派了他的两个船长去见布恩，请求英方（对他们驶入这片海域的行为）不予追究。布恩也给予前者答复，虽然措辞不乏礼数，但意在告诫对方应该离去。于是，范·特龙普依布恩的意愿离开，并朝布莱克的方向驶去，而布恩为防万一也朝着相同方向航行。当范·特龙普和布莱克双方的舰队相遇时，布莱克向范·特龙普的船只射击，警告他取下旗帜。在英舰发起三次射击之后，范·特龙普以炮火予以反击，而布恩的舰队也在第一时间赶到，于是战斗打响。这场海战从下午两点一直持续到晚上，结果是英国人占了上风。像以往一样，旗帜成了冲突的导火索。

B：当两个国家都下定决心准备开战的时候，有什么必要为

---

[1] 马尔滕·哈珀特松·特龙普（Maarten Harpertszoon Tromp, 1598—1653），荷兰海军军官、舰队司令。常被英国人误称为范·特龙普（Van Tromp）。

[2] 尼赫迈亚·布恩（Nehemiah Bourne, 约1611—1690），英国皇家海军司令。

[3] 唐斯（Downs），是多佛海峡北面的一片海域，夹在肯特郡海岸和古德温沙洲之间。1639年10月，在这里爆发了英国、荷兰、西班牙卷入其中的大海战，史称唐斯之战。

谁先开启战端而纠缠不清呢？对于获得朋友和同盟来说，我认为这是徒劳的；因为，在这种情况下，君主和国家并不太看重他们的邻邦正义与否，而是看此事对他们自己是否有利。

A：通常是这样的。但在这一事件上，荷兰人知道，英国对于英吉利海峡领海权的宣称过于大胆，会被沿岸所有国家所觊觎。因此，他们可能会反对这一宣称，而且会足够明智地在这场争端中表明这一立场。此战之后，驻英国的荷兰大使向英国议会递交了国书。他们在国书中将最近的这次冲突定性为一次鲁莽行为，并断言此事违背了荷兰议会[1]参议院议员的意志，战争是在他们不知情的情况下发生的，希望英国议会不要急于为此采取任何行动，以免造成无可挽回的事态。英国议会为此进行了投票，决议如下：第一，荷兰议会应该支付此事中的费用，并为他们在这一事件中持续造成的损失负责；第二，在偿还损失之后，应该停止一切敌对活动，并相互归还所有被夺取的舰船和货物；第三，在履行上述两项条款之后，两个共和国之间应该建立联盟。作为对国书的回复，这些决议被送给荷兰大使。但决议前面附了一篇前言，阐述了以往英格兰对荷兰的仁慈，并指出荷兰人用150艘军舰组建新舰队，除了破坏英国的舰队外没有任何其他明显意图。

B：荷兰人对此做了什么样的答复？

A：没有答复。范·特龙普立即驶向了泽兰省（Zealand），布莱克则带了70艘军舰去奥克尼群岛（Orkney Islands）扣押敌人的

---

[1] 荷兰议会（the States-general），是荷兰的两院制立法机构，由参议院（Eerste Kamer）和众议院（Tweede Kamer）组成，产生于15世纪。

渔船，并等待5艘从东印度群岛（East Indies）驶来的荷兰船只。刚刚从巴巴多斯回来的乔治·艾斯丘爵士[1]，带着15艘军舰去了唐斯，他受命在泰晤士河河口外等待援兵。

范·特龙普率领新近扩充至120艘船只的舰队，原本计划切入乔治·艾斯丘的舰队与泰晤士河河口之间，但被长时间的风向不利所阻，不得不回应商人们要求他护航的呼声而无法再行停留。于是，他带舰队返回荷兰省，接着驶往奥克尼。在那里，他遇到了前文提到的5艘从东印度群岛回来的船只，并把他们护送回国。接下来，他努力想与布莱克交战，但一场突如其来的风暴迫使他撤退。暴雨驱散了他的舰队，只剩42艘船组成船队回到国内，其余船一只只逃回来。布莱克也回国了（但先去了荷兰省沿岸），带着900名俘虏和夺取的6艘军舰，这是他发现并夺取负责护卫渔船的12艘军舰的一部分。这就是宣战之后的第一次较量。

在接下来的8月，泽兰舰队司令德·勒伊特[2]率50艘军舰与乔治·艾斯丘爵士的40艘军舰在普利茅斯发生了一场战斗。乔治爵士占据优势，如果整个舰队都参战的话，他有可能获得全胜。不管怎样，虽然残缺议会付了他酬劳，但是，在他从海上服役回来之后却再也不任用他了。取而代之的是为来年打算而投票选出的三位将军：布莱克已经是其中之一，而另两位是迪安和蒙克。

---

1 乔治·艾斯丘爵士（Sir George Ayscue，1616—1671），英国的海军军官。1840年伦敦版将姓氏写作 Askew，为拼写错误。

2 米希尔·阿德里安松·德·勒伊特（Michiel Adriaenszoon de Ruyter，1607—1676），荷兰海军舰队司令。

这个时候利奥波德大公[1]包围了敦刻尔克（Dunkirk），而法国人派遣了一支舰队来救援。布莱克将军在法国的加莱登陆，夺取了他们的7艘船，迫使这个城市投降。

9月，英荷双方再次交战。德·威特（De Witt）和德·勒伊特指挥荷兰军队，布莱克指挥英军。荷兰人再次战败，情况比上次还糟。

11月底又发生了战事。范·特龙普率80艘军舰在古德温沙洲的背面诱敌，布莱克虽然只带了40艘军舰，却冒险与他作战，结果大败。夜幕降临时战斗结束，布莱克退入泰晤士河。而范·特龙普则控制了海上，从英国人那里夺取了一些无足轻重的小船，并因此（像人们所说的那样）带着孩子气的自大，在主桅杆上挂出了一把扫帚，意思是要扫清所有英国的舰船。

第二年〔1653年〕的2月，荷兰人在范·特龙普的带领下与布莱克和迪安所带领的英国人在朴次茅斯（Portsmouth）附近相遇，荷兰人再次战败。这是一年中双方在英吉利海峡仅有的交锋。两军还在来航（Leghorn）交战了一次，在那里荷兰人占据优势。

B：我看双方都没有太大的优势——如果一定要说哪一方占优的话，应该是英国。

A：也没有哪一方更想要和平。荷兰人派大使到丹麦、瑞士、波兰，以及出产焦油和绳索的汉萨同盟诸城，告知战争的爆发，试图说服他们站到自己一边。此后，他们从英格兰召回大使。而残

---

1 奥地利大公利奥波德·威廉（Archduke Leopold Wilhelm of Austria，1614—1662），奥地利军事指挥官。

缺议会则立即与使者们进行了离别会见，毫无让步地重申了他们先前苛刻提案中的每一项条款。紧接着，为了维持下一年的战争，向人民征收每月 12 万英镑的税金。

B：此时国内都发生了什么？

A：克伦威尔正与其计划的最后也是最大的障碍——残缺议会——争吵。为了实现他的目的，每天都有请愿书、信件、抗议和其他类似文书从军队中发出。部分文书中有敦促残缺议会自行解散，为组建新议会让路的内容。对于这一请求，残缺议会虽不愿妥协，但也不敢拒绝，于是决定于 1654 年 11 月 5 日闭会。可是，克伦威尔已经等不及了。

此时，在爱尔兰，英军正准备接受爱尔兰人的归顺，放逐那些叛乱者，并在专门设立的最高法院任意地给敌人定罪。在那些被判处死刑的人中，就包括最先发动叛乱的费利姆·奥尼尔爵士[1]——他被处以绞刑。而在苏格兰，英军建立了一些要塞，以控制这一倔强的民族。这就是 1652 年发生的事情。

B：接下来我们要讲 1653 年了。

A：克伦威尔现在只差一步就达到他野心的顶点了，这一步就是把长期议会踩在脚下。他在 1653 年的 4 月 23 日这样做了，这是一个非常合宜的时刻。因为，虽然荷兰人还没有被制服，但他们已经被大大地削弱了。同时，从敌人那里和通过压榨保王党而获得的战利品非常丰厚，每月 12 万英镑的税收也入账了：所有这

---

[1] 费利姆·奥尼尔爵士（Sir Phelim O'Neale），爱尔兰贵族，领导了 1641 年 10 月 22 日在阿尔斯特（Ulster）爆发的爱尔兰叛乱。

一切都以军队的名义而成为他自己的。

所以，没有费多少力气，在兰伯特少将、哈里森少将、其他一些军官，以及他认为人数合适的士兵的陪同下，克伦威尔前往议会大厦解散了议会，将议员们赶出去，并锁上了大门。此举使他赢得了比他在战争中的任何一次胜利还要多的人民的喝彩，而议会的成员得到的则是同样多的轻蔑和嘲笑。

B：既然议会已经不存在了，谁拥有最高权力呢？

A：如果你所说的是统治的权利，那没人拥有。如果你说的是最强的力量，那显然是克伦威尔，作为英格兰、苏格兰和爱尔兰所有军队的统帅，他人只好服从。 *389*

B：他是否僭称至尊之名？

A：没有。但是，此后不久他发明了一个新头衔〔护国主〕：因为对于保卫这一事业而言，他是必不可少的，之前则是议会最先拿起武器（也就是叛变了），诉诸非常行动。你知道长期议会反叛的借口就是为了人民的福利，为了保卫国家安全免遭国内天主教徒和邪恶党派的危险共谋威胁，每一个人都必须（尽其全力）促进整个国家的安全。然而，除了军队外，没有任何人能保卫国家的安全，议会忽视了这一点。那么，作为统帅，他怎能不去负起这一责任呢？既然如此，他又怎能不被赋予相应的权利呢？维护人民安全的权力只会被赋予那些有足够力量保卫人民的人，也就是那些握有至高权力的人。

B：是的，他确实是有了一个像长期议会一样好的头衔。但长期议会确实代表人民——在我看来，至高权力说到底应该被代表人民的人所掌握。

A：是的，如果他让一位代表，就像现在的国王，召集民众以接受至高权力，他就剥夺了自己的权力，要不然的话就没有代表。议会下议院也从未成为整个国家的代表，而只是平民的代表，他们也没有权力依据他们的法案和命令强迫任何贵族或牧师服从。

B：克伦威尔仅仅得到一个保卫人民安全的头衔吗？

A：这一称谓几乎无人能理解。他是要让议会确认他的至高权力。因此，他召开了议会，并给予它至高的权力，其目的是让他们将权力归还给他。[1] 这不是很聪明吗？所以，他首先发表了一份声明，解释他解散议会的原因。总的意思是，他们并未努力推进上帝子民的利益，而是努力以当时准备通过的一项议案为议院吸收新成员，以维持他们自己的权力。其次，他组建了一个由他自己的人组成的国务院（council of state），作为下一届议会召开之前的这段时间中英格兰的最高权力机关。再次，他召集了142个人，这些是他自己选定或他所信任的官员所选定的人，他们中的大部分被告知要做什么。这些人都不知名，而且大部分是狂热分子，但被克伦威尔形容成拥有经过考验的忠心和诚实的人。国务院将最高权威交给这些人，不久之后，这些人又将最高权威交给克伦威尔。这些人于〔1653年〕7月4日集会，选出了他们的议长劳斯先生（Mr. Rous）。从那时起，他们一直以英格兰议会自居。[2] 但克伦威

---

[1] 在克拉伦登出版社2010年版中，此句为："因此，他召开了议会，并给予它至高的权力，以他们将权力归还给他为条件。"

[2] 历史上称为小议会，也称为"贝尔朋议会"（Barebone's Parliament），因议会中一个成员名叫普列斯戛德·贝尔朋（Praise-God Barebone）而得名。

尔为了更加保险起见，还组建了一个国务委员会，其成员不像前面那些人一样大部分是小人物，而是他自己和他手下的主要官员。以上机构负责处理全部公私事务，颁布议会法令，召见外国使者。但是，克伦威尔现在比以前有了更多的敌人。曾是第五王国派领导人的哈里森，辞去了克伦威尔对他的任命，致力于煽动党羽反对克伦威尔，后来他因此被监禁。与此同时，对人民来说，小议会正在制定的法案是如此荒诞不经、令人厌恶，以致人们认为克伦威尔有意选择他们，目的是使人们蔑视所有执掌权力的议会，从而让君主制重获信任。

B：是什么样的法案呢？

A：其中之一是，所有的婚礼应该由一位太平绅士[1]来办理，并要求结婚预告[2]在紧接着的集市日公告3天。证婚人虽然也可以由牧师担任，但如果没有太平绅士的话，婚姻就是无效的。因此，许多谨小慎微的夫妇，为了确保彼此的关系，就以两种方式结婚，即使之后会对这种做法感到厌恶。他们还废除了所谓"承诺协定"，即任何人在承诺效忠，也就是承认残缺议会主权之前不得在任何法庭发起诉讼的法案。

B：这些不会对克伦威尔产生任何伤害。

A：他们手里还有一项取缔所有现行法律和法律书籍的法案，想要制定一套更合第五王国派口味的新法规——本届议会里有许

---

[1] 太平绅士（Justice of the Peace，简称JP），是英国一种职衔制度。为了维持社区安全，由政府委任民间人士担任，处理一些较简单的法律程序。
[2] 英国法律明文规定，男女双方都属英格兰教会，双方事先要到各自居住地区的教堂里发布结婚预告，如果在规定的期限里没有人对这桩婚姻提出异议，才可以按期举行婚礼。

多第五王国派的人。他们的信条是,除了主耶稣以外,任何人都不能成为君主,而且除了圣徒以外,任何人也不能在他之下进行统治。但是,他们的权威在此法案通过之前就终止了。

B:这对于克伦威尔来说是什么?

A:什么也不是。但他们还在酝酿另一项法案,现在快为这一提议做好准备了。这就是,议会自此以后,一届接一届而成为永久的。

B:我不理解这一点,除非议会议员可以像动物一样一个生出另一个,或者像不死鸟[1]一样。

A:他们不正是像不死鸟一样吗?在议会期满的那一天,他们难道不会发出命令召开新的议会吗?

B:您认为他们不愿意由他们选举自己成为新的议会吗?这还省去了再次前往威斯敏斯特的麻烦,只须待在他们原来的地方。不然如果他们召集国民进行新的选举,接着自行解散,在这个已经失去现行最高权威的时间点上,人民将以谁的名义在他们郡县的法院中集会呢?

A:他们所做的一切都是荒谬的,尽管他们并不自知。而这一法案的筹划者,那些将自己的设计凌驾于主权之上的人,对此也似乎毫无察觉。然而,克伦威尔在议院中的党羽却看得一清二楚。所以,法案一经提交,就有一个成员站出来提出了一项动议:既然共和国从议会中几乎得不到任何益处,那他们就应该自行解

---

[1] 不死鸟(phoenix),又称长生鸟,埃及神话中的一种鸟,相传这种鸟在沙漠中生活五百年后身焚,然后又从其焚灰中再生。

散。哈里森一伙试图阻拦，并发表了反对这一动议的演说，但克伦威尔一党（上述的议长就是其中之一）离开了议院，拿着权杖去了白厅，并将他们的权力交给了克伦威尔——这一权力原本就是克伦威尔给他们的。于是，克伦威尔通过一项议会法案获得了主权，并在四天之后，也就是〔1653 年〕12 月 16 日，正式就任三国护国主一职，并发誓遵守写在羊皮纸上、当着他的面宣读的施政规约。这一文献被称作《政府约法》[1]。

B：他对着发誓的规约上有什么内容？

A：其中一条是，每三年召开一次议会，第一次是在下一年的 9 月 3 日召开。

B：我认为，他选择 9 月 3 日有一点点迷信，因为他在 1650 年和 1651 年的 9 月 3 日都很走运——他在这两天分别取得了邓巴战役与伍斯特战役的胜利。但他不知道 1658 年的 9 月 3 日有何等幸事会在白厅发生，当然这一次是对整个国家而言。[2]

A：另一条内容是，议会要在召开 5 个月之后才能解散，他们向护国主递交的议案将在 20 天之内由他核准通过；若超过此期限，这些议案将自动通过，而无须由他核准。

此外还有这样一条：护国主须组建一个不少于 13 人且不超过 21 人的国务委员会。护国主一旦去世，这一委员会将举行集会，选举新的护国主。此外还有更多的内容，不过没必要一一叙述。

---

[1] 《政府约法》（The Instrument），是由约翰·兰伯特起草、1653 年 12 月颁布的英国第一部成文宪法，是英格兰、苏格兰和爱尔兰联邦的宪法。

[2] 1658 年 9 月 3 日，护国主克伦威尔逝世。

B：与荷兰人的战争进行得如何了？

A：在〔1653年〕6月2日，也就是小议会召开前一个月，英荷军队之间爆发了一场战斗，英军统帅是布莱克、迪安和蒙克，荷兰人则由范·特龙普率领。英国人于是役获胜，把敌人赶进了他们的港湾，但迪安将军因被炮弹击中而殒命。这一胜利足以让荷兰人派大使到英国来，以便缔结条约。但与此同时，他们又派出一支新组建的舰队。7月底，蒙克将军又把这支舰队打败了，收获了比前一场胜利更大的战果。至此，形势对荷兰人非常不利，到了要支付战争赔款来换取和平的地步。不仅如此，荷兰被迫承认英国的制海权，还不得不接受其他一系列条款。

3月，双方缔结了和平协议，结束了这一年的战事，但直到4月才宣布，似乎直到那个时候荷兰人才付了钱。

与荷兰的战争结束之后，护国主派他最小的儿子亨利（Henry）前往爱尔兰。此后不久亨利被任命为爱尔兰总督，蒙克中将则被派往苏格兰：他以上述举措确保两国的服从。这一年除了破获保王党的一桩密谋外，国内没有其他事情值得一提。据说密谋者试图行刺护国主，但通过国王手下的一个背叛者，克伦威尔知道了所有的计划，后来这个叛徒被抓住并杀死了。

B：他是如何得到国王的如此信任的？

A：他是一个为已故国王战死的上校的儿子。此外，他谎称受忠于王室、爱戴国王的臣民所托，时不时向国王赠送钱财，就好像真有这些臣民在克尽本分一样。实际上，这些钱是克伦威尔提供给他的，目的是使这一说法可信。

接下来的一年（即 1654 年）没有战事，国内的各种政令倒是层出不穷，其中就包括任命法官、防范阴谋（因为篡权者是多疑的）、处决王党，以及变卖他们的土地。9 月 3 日，根据《政府约法》，议会如期召开。上议院不复存在，而下议院和以前一样，由郡选议员和各自治市议员组成。但与以前每个自治市和每个郡各有两名议员不同，现在绝大多数自治市各自只有一名议员，而一些郡的郡选议员则有六七人之多。此外，苏格兰与爱尔兰各有二十名议员与会。所以，现在克伦威尔除了对新近献给他的六匹马（coach-horses）[1] 显示他的统治技艺外，别无他事。这些马像克伦威尔本人一样大逆不道，将他甩出马车夫的位子，几乎置他于死地。

B：这一届议会既已见识过克伦威尔是如何对待前两届议会（长期议会和小议会）的，殷鉴在前，想必已深谙在这位护国主面前的自处之法了吧。

A：是的，尤其是克伦威尔在议会首次会议上的讲话，就明确禁止他们以个人或议会的名义干涉政府或军队事务，呼吁常设议会，或提议废除信仰自由。他还命令每位议会成员，必须于任期开始之前正式承认他（在《政府约法》中所述的种种）权力。结果，总共 400 人的议会，起初只有不到 200 人出席，然而后来有些人妥协了，大概有 300 人出席。再一次，就在会议进行之时，克伦威尔颁布了一些由自己签署的法令，上面的时间则是在议会召开之前。从此事不难看出，他认为自己的法案与议会颁布的法案拥有同等

---

1 指拖四轮大马车的马。

的效力。但以上种种都没能使议会成员弄清自己的角色。他们继续对被要求承认的有关克伦威尔权力的每一项条款进行辩论。

B：他们在进行辩论之前，压根不应该承认这些权力。

A：那样他们就永远不会被允许开会了。在得知他们的固执行为之后，克伦威尔对从议会那里得到任何支持不抱希望，因而解散了他们。

除了这些事件外，这一年最高法院还对一些密谋的保王党进行了宣判。

1655年，将近1万名英军在伊斯帕尼奥拉岛（Hispaniola）登陆，想要进行劫掠活动。他们以为圣多明各（Santo Domingo）有大量的黄金白银，但是遭到了一小股西班牙人的迎头痛击，损失了大约1000人。剩下的人逃往牙买加（Jamaica）并占领了那里。

这一年，保王党在西部又一次尝试反抗护国主，并在那里公开拥立国王查理二世，但很少有人响应他们，还有一些人很快叛离了。反抗活动很快被镇压，许多主要成员被处死。

B：在这许多叛乱中，虽然保王党人的用意是好的，但他们的缺乏耐心只能对国王造成伤害。他们有什么希望战胜护国主精心筹备的强大军队呢？看到国王的事业因这支军队中的伟大统帅们——他们中的许多人热衷于像克伦威尔一样受人尊敬——的不和与野心而得以推进，他们有什么理由失去信心呢？

A：当时的局势尚不明朗。护国主在圣多明各获取资金的希望被挫败之后，决定每年对保王党人的地产征收什一税。为了达到这一目的，他将英格兰划分为11个少将军区，授权每个少将制作一份所辖军区内有保王党嫌疑的人员名单,并对其地产征收什一税,还要警告名单所记人员,不要有反对国家的行为,鼓励他们揭发可能获悉的所有密谋,并让他们以同样的要求管教自己的仆人。这些将军们还被授权禁止赛马和人民集会,负责征收并管理上述税款。

B:通过这一方式,篡权者可以很容易地知道英格兰所有地产的价值,还有每个上等人的行为和喜好。这样的举措在过去被视为严重的暴政。

A:根据《政府约法》,1656年是议会年。从年初到议会召开的9月17日,各省的少将行事都非常专制。除了其他一系列暴政行径,他们更是以恐怖手段操控选举,以便让他们自己或符合他们心意的人成为第二届议会成员。这种暴行也被认为是当时体制中克伦威尔意志的一种体现,因为他需要一个慷慨的议会。不久以前,在和法国媾和的同时,英国又卷入一场与西班牙的战争。

这一年,斯泰纳船长[1]在加的斯附近袭击了由八艘船组成的西班牙珍宝船队[2],他在那里击沉了两艘船,俘获了两艘船。其中一艘船载有200万枚西班牙硬币[3],总共价值40万英镑。

这一年,那个长相与耶稣基督相似的詹姆斯·内勒[4]出现在布里斯托尔。他留着八字胡,头发梳理成圣容那样。在被问及

---

1 理查德·斯泰纳(Richard Stayner,1625—1662),英国海军军官。
2 西班牙珍宝船队(Plate-fleet),是一支掳掠财宝的舰队,Plate在西班牙语里是银器的意思。
3 原文作Piece of eight,是英国人对17世纪西班牙铸造的货币的称呼,当时该货币也用于国际流通。
4 詹姆斯·内勒(James Naylor,1616—1660),英国贵格会领袖。

时，他有时会回答:"你说的是。"¹ 他也有自己的门徒,他们会走在他的马侧,即使小腿沾满泥泞。他被议会捉去,被判罚戴颈手枷示众。他的舌头被人刺穿,前额被刺上字母"B"[这是亵渎神灵(blasphemy)的简写],并被投入布莱德威尔。在军队中颇有人望的兰伯特努力营救他,部分是因为詹姆斯·内勒曾经是他手下的士兵,部分也是要迎合一些新教派系在军中的势力,因为他现在已经不得护国主的赏识了,正在冥思苦想如何才能取而代之。

大约两年前,康沃尔曾出现一个预言者,她因梦境和幻觉而出名。许多人倾听了她的预言,其中包括一些知名的军官。但她和她的一些同伙被关进了监狱,我们再也没有听到过她的消息。

B:我还听说有一个叫利利(Lilly)的人,在长期议会期间一直从事预言活动。他们对他做了什么?

A;他的预言是另一种。他是一位年鉴编纂者,并且声称会所谓的神断占星术(Judicial astrology)。不过是一个靠着蒙蔽无知大众维持生计的骗子罢了。而且毫无疑问,如果他的预言以任何方式不利于议会的话,他早就被质询了。

B:我不理解疯子(在我看来,也就是任何预言未来可能发生事件的人)的梦和预言对共和国能有多大的不利。

A:是的,是的。要知道,除了未来的不确定性,没有什么能使人们的谋划陷入困境。而除了对行动后果的先见之明,也没有什么能够更好地引导人们进行深思熟虑,这就像预见他们行为

---

1 这是《新约·路加福音》第23章第3节中,耶稣回答彼拉多的话。

的结果一样困难——无怪乎预言在上述事件中多次成为带来牢狱之灾的主要原因。如果,根据某种预测,人们变得相信奥利弗·克伦威尔和他的军队终有一天会被彻底击败,那每一个人都会努力帮助、尽忠报效那个终将击败他的党派,不是吗?正是出于同一原因,预言家和占星者才常常被逐出罗马。

这一年最后一件值得记住的事情是,一位议院成员(也是伦敦的一位市政参事)提出了一项动议,即议院应该请求和建议护国主放弃当前的尊号,而冠之以国王的头衔。

B:这真是一项大胆的动议!而且,如果成功的话,可以终止许多人的野心,以及军队上下无法无天的行为。我认为这项动议是蓄意毁掉护国主本人及其野心勃勃的军官们。

A:可能是这样。1657年议会做的第一件事情就是草拟这份请愿书并递交给护国主,让他以国王的头衔成为三个国家的统治者。对此持异议的议会成员,绝大部分要么已经被武力赶出了议院,要么为避免犯下拥立克伦威尔做国王的罪孽而故意缺席。但出席议会的少数人还是于4月9日在白厅的国宴厅向护国主递交了这份请愿书。在那里议长托马斯·威德林顿爵士[1]第一次和克伦威尔进行了辩论。此事太重大了,而护国主想用一些时间来征求上帝的意见。第二天,他们派了一个委员会去听取他的回答,但他没有明确回答。他们再一次敦促他做出决定,他则以一通长篇大论的演说作答,并以断然的拒绝结束。所以,克伦威尔仍然保

---

1 托马斯·威德林顿爵士(Sir Thomas Widdrington, ? —1664),英国法官和政治家,1656—1658年任下议院议长。

留了护国主的头衔,而他将根据请愿书中的一些条款来进行执政。

B:是什么使他拒绝了国王的头衔?

A:因为当时他不敢夺取它。军队效忠于他们的高级军官,在这些高级军官中有许多人都想要接替他的职位,而且这一职位已经许诺给了兰伯特少将,否则后者可能已经叛变反对他。所以克伦威尔不得不等待一个更加有利的时机。

B:上面提到的那些条款是什么?

A:其中最重要的一条是:1.他应该在护国主的头衔下担任英格兰、苏格兰和爱尔兰的行政首脑职务,并根据上述请愿书统治这三个王国;还有,他生前应该指定他的继承人。

B:我相信,苏格兰人在起初反叛国王的时候,从未想过会被克伦威尔这样专制地统治。

A:2.他应该至少每三年召开一届议会。3.合法选出的成员未经议院同意不得引退。在批准此条款之时,护国主并未提及本届议会中引退的成员,他们因此恢复了席位。4.该条款规定了入选议会成员的资格。5.另一个议院的权力被界定。6.只能通过议会法案来制定法律。7.在每年的财政收入中,划出100万英磅的固定款项用于维持陆军和海军,另有一笔30万英镑的款项用于维持政府开销,此外还有下议院认为合适的其他临时拨款。8.所有国家官员须由议会选出。9.护国主应该支持新教的全体牧师。最后,他应该核准一份宗教声明,并将其发表。除上述内容外,请愿书中还有许多次要条款。签署了这些条款后,他立即以盛大的典礼重新就职。

B：这种确保自己仍然是护国主的行为又有什么必要呢？

A：但是，这份请愿书的条款和之前的《政府约法》不完全一样；因为现在要成立另一个议院，而且在此之前，是由他的委员会指明他的后继者，现在他本人就有权这么做了。所以，他成了一个绝对的君主。如果他愿意的话，可以让他的儿子做后继者，就像这样世袭下去，或者传位给他所中意的其他人。

典礼结束了，议会休会至下一年的 1 月 20 日。到那时，另一个议院的议员也将开会。

下议院现在人满为患，几乎不把另一个议院放在眼里：那里只有不到 60 个人，其中有 9 个贵族。然而，在隐退期间，他们开始质疑自己过去的作为，进而想要收回新近赋予护国主的权力。因此，克伦威尔前往议院，向他们发表演说，并以这样的话结尾："以永生的上帝之名义，我必须解散你们。"[402]

这一年〔1657 年〕，英国人在圣克鲁斯（Santa Cruz）又给了西班牙人沉痛的一击，并不亚于一年前他们在加的斯对西班牙人的打击。

约与这届议会解散同时，保王党人又酝酿了一个反对护国主的计划，也就是在英格兰进行暴动，正在佛兰德（Flanders）的国王则随时准备以那里的一支军队支持他们。但这一计划也因叛徒出卖而曝光了，除了令那些投身其中的人遭殃以外一事无成。其中有许多人在第二年年初被最高法院判处监禁，还有一些人被判处死刑。

这一年兰伯特少将被免去了所有的职务。在军中，他有着仅次于克伦威尔的威望,他自己也指望能凭着军队的青睐或者护国主的承诺成为手握至高权力的接班人。然而,由于护国主盘算着让他的长子理查德(Richard)来做后继者,如果兰伯特少将继续统率军队,他的这一谋划就会陷入危机。

1658年9月3日,护国主在白厅逝世。自他的权威最终确立以来,他就一直畏惧着来自绝望保王党人的谋害。

在病中,他的"枢密院"一直缠着他要他指定继承人,而他选择了他的儿子理查德。这不是受他自己野心的驱使,而是受了弗利特伍德[1]、德斯伯勒(Desborough)、瑟洛(Thurlow)和国务委员会其他成员的鼓动,他们想要理查德成为后继者。现在,英格兰、苏格兰和爱尔兰的军队都向理查德表示支持。而这位新任护国主的第一项工作就是操办与乃父威名相称的隆重奢华的葬礼。

就这样,理查德·克伦威尔成了他父亲的继任者,坐在囊括英格兰、爱尔兰和苏格兰的帝国的宝座上,由军队的军官们抬着在伦敦城里穿行,接受遍布三个国家的军队的祝贺,没有任何卫戍部队会吝惜对他的奉承。

B:既然军队支持他,他怎么这么快就完蛋了呢?

A:军队是善变的,他本人又优柔寡断,而且没有取得过任何辉煌的战功。虽然有两个主要的军官和他走得较近,但最受军队青睐的人不是他们,而是兰伯特。后者通过讨好弗利特伍德而夺取了摄政大臣(Protectorship)之职,又通过收买士兵再次成为陆军

---

[1] 查尔斯·弗利特伍德(Charles Fleetwood, 1618—1692),英国议员、政治家,1652—1655年任爱尔兰副总督。

上校。他和其他军官在弗利特伍德的沃林福德宅邸集会，讨论罢黜理查德之事[1]，尽管他们还没有考虑过此后应该如何来治理国家。因为，从叛乱开始，野心家就一直这样行事：先是毁坏，然后才来考虑他们应如何建设。

B：难道护国主就没有发现军官们在沃林福德宅邸的事情吗？——他的官邸就在白宫，与密谋者近在咫尺。

A：他还是发现了，有好几个朋友告诉了他这件事。而且，他们中的一些人还劝他杀掉主谋，并表示愿意亲自动手。但他没有足够的勇气授权他们这样做。所以他听从了一些温和派的建议，召开一届议会。于是，召集令送到了上一届议会成员手中以组建新的议院，另一些令状送到了郡长们手中，令其进行郡选议员和自治市议员的选举，会议将在第二年的1月27日举行。选举按照古代的方式举行，选出了大概400人，其中包括20个苏格兰成员和20个爱尔兰成员。下议院现在正体现了英格兰的品性：在没有护国主和另一个议院的情况下，他们在开会期间称自己为议会，称自己拥有三个国家的最高权力。

他们本想将规定另一个议院的权力作为第一项议题，但因为护国主已建议他们将起草好的承认护国主权力的法案作为第一项议题，他们就从这里开始。在十四天的商议之后投票决定，应制定一项法案，既囊括承认护国主权力法案的内容，又必须对护国主的权力做出限制，并对议会的特权和臣民的自由做出保障，而

---

[1] 这些军官由此被称作沃林福德宅邸党（Wallingford House Party）。

这些应该作为同一项法案被通过。

B：既然如此，这些人起初又为什么要服从护国主，响应他的召唤而集会议事？这不是对他的权力必要而充分的承认吗？他们为什么以此事为例教育人们应服从他，而接着又用法律来限制他，教育人们做相反的事情？难道召开议会的人不是护国主吗？议会为什么不承认自己的缔造者？

A：我相信大部分人都渴望支配他人，但他们中很少有人知道自己如何比其他人更有资格，除了以武力实现。

B：如果他们承认通过武力获取的权利，他们反对现任政府就既不正当也不明智了，现任政府是由三个王国所有的军事力量建立和认可的。毫无疑问，下议院的原则与当初那些掀起反叛的人是一样的。如果他们能够组建一支足够强大军队的话，就将以同样的方式反叛护国主，而他们军队的将军则会以类似的方式将他变为残缺议会。因为，他们拥有一支军队而不能驾驭它，就好像一个人在房间里关了一头狮子一样，必定会臣服于它。自伊丽莎白女王的时代起，历届议会的品性一直这样，本届议会也不例外。而且只要长老派和坚持民主原则的人还对选举产生类似的影响，议会的品性就将一直保持下去。

A：后来，他们就另一个议院的问题做出决议：在本届议会召开期间，他们将与其进行咨商；但为避免侵犯那些贵族的权利，在将来召开的议会中，两院之间的事务将以交付书面令状的方式进行。在投票通过这一决议后，他们进而讨论另一项议题，即赋予议会自己对民兵组织的控制权。此外，为了显示他们的至高权力，他们还将一些人从监狱里释放出来。对此,他们解释说,这些人是被前任护国主非法定罪的。那些人民非常欢迎的、有关公民权利和宗教的意见,现在也在他们的考虑之中。因而,在这一年〔1658年〕的年末,以上这一切都令护国主对议会很戒备,比对沃林福德宅邸军官团体的警惕更甚。

B:这正是无知的人们要进行改革的时候。此时有护国主、议会和军队这三个派别。护国主反对议会和军队,议会反对军队和护国主,而军队则反对护国主和议会。

A:1659年年初,议会通过了其他好几项法案。一项是禁止军官在没有护国主和两院命令的情况下集会。另一项,任何人如不事先签署绝不干涉任何议员在议院里开会或辩论自由的宣誓书,就不能在军队中担任指挥或接受其他任命。为了取悦士兵,他们投票决定,立即讨论支付他们欠饷的方法。但当他们在讨论这件事的时候,护国主根据上述法案中的第一项,禁止军官在沃林福德宅邸开会。这使得原本已经因护国主与军队的不和而摇摇欲坠的政府分崩离析。沃林福德宅邸的军官们带着大群士兵闯入白厅,还带着一份起草好的授权德斯伯勒解散议会的命令,准备逼护国主签字。护国主见自己的党派辜负了自己,他本人也变得心灰意冷,于是签署了命令。此时议会的会议还在继续。但议院周末休会,他们在下个星期一早晨前来时却发现,议院大门紧闭,门前过道上站满了士兵。而这些士兵明白地告诉他们,不能再开会了,这一天是4月25日。理查德在伦敦城的权威和事业就此终结,他隐退到乡村。在承诺将于数日之内偿还他的巨额债务(这是他父亲的

406

葬礼给他带来的）之后，他签署了一份辞去护国主职位的声明。

B：给谁？

A：不给任何人。但在主权权力出现为期十天的真空状态[1]之后，伦敦城中的一些残缺议会成员，其中包括前议长威廉·伦索尔[2]先生，达成了共识。他们决定与兰伯特、黑兹尔里格，以及曾任残缺议会成员的其他军官一起前往议院。军队宣布组建议会，成员即为上述后来前往议院的人物，总计42名。

当时，还有一些人出于个人目的而前往威斯敏斯特厅，他们曾于1648年在军队的干预之下被迫退出议会，因此被称作隐退成员。这些人认为，他们既然与残缺议会成员在同一主权权力之下当选，就同样有出席议会的权利。他们试图进入议院，但被士兵们挡在了外面。残缺议会重新召开后，首先投票表决的议题就是，这些隐退成员虽然曾是本届议会的成员，但自1648年以来就没有出席议会，因而在议会的进一步命令下达之前，他们不得出席这届议会。就这样，残缺议会在1659年5月7日重新获得了他们在1653年4月失去的权力。

B：由于最高权力多次易手，为了方便记忆，我请求您按照时间顺序简短地复述一下主权交替的过程。

A：第一阶段，从1640年到1648年国王查理一世被杀害之前，主权在国王和长老派议会之间争夺。第二阶段，从1648年到1653

---

1 此处指的是1659年4月25日到5月7日，理查德·克伦威尔与残缺议会之间的权力真空，应为十二天。

2 威廉·伦索尔（William Lenthall, 1591—1662），英国内战时期政治家，曾任下议院议长。

年，主权在议会部分人手中，他们投票决定对国王进行审判，并宣布在没有国王和上议院的情况下，他们自己拥有英格兰和爱尔兰的最高权力。这是因为在长期议会中有两个派别，即长老派和独立派。前者仅仅寻求将国王置于议会权威之下，而不是直接毁灭他；后者则企图置国王于死地，这一掌权的派别被称作残缺议会。第三阶段，从1653年4月20日到7月4日，最高权力掌握在克伦威尔组建的国务院手中。第四阶段，从同年7月4日到12月12日，最高权力掌握在被克伦威尔称作忠诚和正直的人手中，他们受到克伦威尔的召集，组成了所谓贝尔朋议会。该议会因对其中一位成员的轻蔑而得名[1]。第五阶段，从1653年12月12日到1658年9月3日，最高权力掌握在奥利弗·克伦威尔手中，他被冠以护国主的头衔。第六阶段，从1658年9月3日到1659年4月25日，理查德·克伦威尔作为他父亲的后继者而拥有最高权力。第七阶段，从1659年4月25日到5月7日，无人掌握最高权力。第八阶段，从1659年5月7日开始，曾于1653年下台的残缺议会先是重新获得了最高权力，此后最高权力一度被一个安全委员会（committee of safety）[2]夺走，接着残缺议会再次夺回，最后主权落入它真正的主人〔查理二世〕手中。

B：是谁，以什么方式，让残缺议会再次失势的呢？

A：他们可能认为自己足够安全了。派驻在苏格兰的军队，

---

1 即前文所说的小议会。
2 1659年有两个安全委员会。第一个委员会于5月7日在残缺议会的授权下成立，以取代理查德·克伦威尔的国务委员会。另一个安全委员会于1659年10月26日由新模范军的最高指挥部成立。它是为了应对残缺议会而设立的。

他们此前在伦敦的时候，曾帮助奥利弗·克伦威尔镇压了残缺议会；现在这支军队向议会投降，请求原谅，并且保证服从。伦敦城中的士兵已拿到了欠饷，而指挥官到处召集那些承认军官们之前权威的旧部下。这些军官还从议院议长那里接受了议院对他们的委任，而这位议长也担任最高统帅。弗利特伍德被任命为中将，但残缺议会对他进行了诸多自认为有必要的限制，因为他们不曾忘记奥利弗将军是如何对待他们的。此外，爱尔兰总督亨利·克伦威尔被下令免去职务，回到了英格兰。

但是，兰伯特已下定决心，一有机会就夺取护国主之位，因为就像上文提到的那样，奥利弗·克伦威尔曾向他承诺过继任者之位；不仅如此，他还和残缺议会一样了解奥利弗·克伦威尔是如何一步步当上护国主的。机会不久就来了：不但保王党在密谋起事（他们照老规矩再次受到迫害），柴郡（Cheshire）的长老派也发动了一场起义。后者由乔治·布思爵士（Sir George Booth）领导，他是长期议会的隐退成员。他们大概有 3000 人，声称要建立一个自由的议会。与此同时还有很多谣言称，德文郡（Devonshire）和康沃尔也将爆发一场起义，或是正试图起义。为了镇压乔治·布思爵士，残缺议会派出一支与对手规模不相称的强大军队，并任命兰伯特为统帅。这支军队迅速击败了柴郡的起义者，重新夺取了切斯特、利物浦和其他所有被起义者占领的地方。起义者之中有好几位指挥官在战斗中或战后被俘，乔治·布思爵士本人就是其中之一。

在完成这一征程之后，兰伯特于返回伦敦之前在约克郡自己的家中犒劳士兵，并就向议院请愿设立全军统帅一事，得到了士兵们的赞同。请愿的理由是，军队接受任何外在于它的权力的裁判，这是不合适的。

B：我没有看出有哪里不合适。

A：我也没有。但我听说，这是亨利·范内爵士的格言。这使得残缺议会非常不悦，因而投票做出决议，称在军队中另外设立新的统帅对共和国来说是一件毫无必要、负担沉重且危险万分的事。

B：尽管兰伯特在柴郡的胜利与奥利弗·克伦威尔在邓巴的胜利一样辉煌，但兰伯特无法复制克伦威尔的掌权之路。这是因为，并不是胜利使克伦威尔成为上将，而是费尔法克斯的辞职以及议会对克伦威尔的属意。

A：但是，兰伯特如此看好自己，对上将之位志在必得。所以，当他回到伦敦的时候就和其他军官在沃林福德宅邸集会，拟定了他们的请愿书，并将其称作一份抗议（representation）。其中主要内容是论证设立上将职位的必要性，还有许多次要议题被加入其中。〔1659 年〕10 月 4 日，德斯伯勒少将将其提交给议院。此事令议员们如此惊惧，致使他们郑重地保证立即就此进行讨论。议会马上就此事展开商议。10 月 12 日，恢复了神志的他们，投票通过如下决议：" 撤销对兰伯特、德斯伯勒，以及其他沃林福德宅邸党成员的任命。此外，任命弗利特伍德、蒙克、黑兹尔里格、沃尔顿（Walton）、莫利（Morley）和奥弗顿来管理军队事务，任期至次年 2 月 12 日。"议院预想兰伯特会派出军队以武力胁迫他们，为了组织有效的抵抗，他们命令黑兹尔里格和莫利传令给他们信赖的军官，让士兵于第二天早上在威斯敏斯特集结。这一做法为时稍嫌已晚，因为兰伯特已先将自己的士兵带到了那里，包围了议院，并迫使正朝那里前进的议长返回。但黑兹尔里格的军队也开到了圣詹姆斯公园围墙一带，并进入了圣玛格丽特教堂墓地。就这样双方如临大敌般对峙了一整天，但没有开战。自此，残缺议会被赶出了议院，而军官们则像以前一样在沃林福德宅邸继续召开集会。

他们从自己人之中选出一些人，和伦敦城中的一些人共同组成一个委员会，他们将其称作安全委员会，主席是兰伯特和范内。这个委员会在一个由军官组成的总理事会的建议下行事，有权对违法者进行审判，镇压叛乱，以及与其他国家缔结条约，等等。你已经知晓，随着残缺议会的倒台，最高权力以保卫人民福祉的名义转移给了一个军官委员会，而兰伯特希望最终自己能得到这一权力。但安全委员会面临的限制之一是，他们必须在六个星期内向军队提出一种新的政府组织方案。如果他们果真这样做了，你认为他们会情愿将最高权力让予兰伯特或其他人，而不是留给他们自己吗？

B：我认为不会。当残缺议会给某些人派发委任状，让其统率军队，也就是统治三个国家之时，蒙克将军已经是苏格兰军队的总司令了。与兰伯特相比，他在这场战争中的功勋更为显赫。有鉴于此，他们怎么敢将他排除在这个安全委员会之外？兰伯特又怎么会认为蒙克将军会对他的这些行为既往不咎，而不是尽力重振残缺议会呢？

A：他们没考虑过蒙克将军：后者的英勇事迹是在遥远的舞台上展现的，即爱尔兰和苏格兰；而他的野心在他们对统治权的争夺过程中隐而不发——他先是顺从了理查德，接着又顺从了残缺议会。在蒙克将军通过书信表达了他对兰伯特及其同党行径的厌恶之后，他们非常惊讶，开始认为他比之前设想的更为重要。然而为时已晚。

B：为什么？他的军队对于〔反对兰伯特以及军官委员会〕这一伟大事业来说规模太小了。

A：这位将军对敌我双方都知根知底，无论是双方当时的实力大小，双方会如何充实自己，还是伦敦城和这个国家普遍想要的是什么——其实就是国王的回归。为实现这一目的，他需要做的仅仅是将他的军队（虽然不是很强大）带到伦敦。而能阻止他的，除了兰伯特的军队外别无其他。在这样的情况下他还能怎样做？如果他立即宣布支持国王或者一个自由议会，不仅英格兰所有的军队都将联合起来反对他，而且他们还会打出议会的旗号，以获取充足的经济保障。

蒙克将军在以信件与军官委员会争辩之后做的第一件事，就是确保自己军队军官的忠诚可靠。由于他们之中的再洗礼派不值得信任，他便另找他人接替他们。接着，他把军队集结到一起，向贝里克进发。在那里，他召集了苏格兰人的代表举行集会，希望他们在他不在的时候为了国家〔苏格兰〕的安全而听从命令，并为征途中的军队筹集一些军费。代表们保证尽他们最大的努力来保证国家的安全，又为他筹集了一笔为数不多但是足以达成他目的的钱财，并请求他原谅他们目前的匮乏。而在安全委员会一方,他们派兰伯特率领绝大部分精锐兵力前来阻击蒙克将军,同时又多次写信并派出调解人,想要使双方缔结条约。蒙克将军同意了他们的要求,派遣三位军官到伦敦去,与对方的三位军官谈判。六人在没有将军授权的情况下,出人意料地缔结了包括如下内容的条约:将国王排除在权力体系之外,建立一个自由的国家,赞助新教牧师和大学,以及许多其他条款。这些都是将军不喜欢的,他因禁了其中一位谈判代表,因为其所作所为超出了他的授权。其后,双方各派五人再次谈判,并达成了一致意见。但就在这次谈判进行之时,发生了如下事件:第一,残缺议会成员黑兹尔里格占领了朴次茅斯,安全委员会派兵攻打,谁知他们反而进了城并加入黑兹尔里格一方。第二,伦敦城为支持自由的议会而重新骚动起来。第三,在约克郡深孚众望的残缺议会成员费尔法克斯勋爵,正在兰伯特后方组建军队;兰伯特现在处于两军夹击之中,而他的对手则很乐于与这位〔蒙克〕上将并肩作战。第四,有消息称,德文郡和康沃尔在招募新兵。最后,兰伯特的军队因缺钱而变得不满——他们肯定不能从军官委员会那里得到供给,后者既没有权威也没有实力征税——又因驻扎而不付钱遭到了北部诸郡的厌恶。

B:既然苏格兰人并非残缺议会的盟友,我对他们何以如此乐于为蒙克将军提供经费而感到好奇。

A:我不知道,但我相信,只要能看到英格兰人之间互相争斗,苏格兰人乐意付出哪怕是更大的价钱。军官委员会现在被这么多敌人包围,于是迅速出台了他们的政府组织方案,即筹建一个自由的议会，预定在〔1659年〕12月15日开会。但由于这一方案同时废除了国王和上议院，因而使得伦敦城内的民意比以前更加激愤。军官委员会既因为害怕伦敦城的人民而不敢把士兵派往西部去镇压那里的起义，又因为缺钱而无法招募新军，除了接受失败的命运以外别无他法可想，只得离开沃林福德宅邸以求自保。北方的军队得知此事，抛弃了兰伯特，残缺议会遂于12月26日重新入主议院。

B：此时，由于残缺议会复会，蒙克将军声称的向伦敦进军所要完成的事业就此终结了。

A：残缺议会尽管已复会，但并非高枕无忧，仍处在众多支持自由议会的骚乱之中，因而与之前一样需要将军前来。在此种情势之下，蒙克将军向议会传信，表达了他认为他们还不够安全，所以将率部队一起到伦敦来的意思。后者不仅接受，还恳请他这样做，并投票议决每年付给他1000英镑的酬劳。

在将军向伦敦进发之时，全国各地的人都向他请愿，要求建立一个自由的议会。至于残缺议会，则为他的军队能在伦敦驻扎而解散了自己的部队。尽管如此，为免将自己的最终目的过早公诸于世，将军在这段时间里一直三缄其口。

B：残缺议会是如何报复兰伯特的？

A：他们从未为难他。我不知道他们为何如此温和地对待他，但有一点很明确：当他们打算并需要任用将领的时候，兰伯特肯定是同意为他们效劳的军官中最有能力的一个。在〔蒙克〕将军来到伦敦后，残缺议会根据他们在被安全委员会强行驱逐前制定的一项法案，开始在伦敦城征收每月 10 万英镑、为期 6 个月的税金。但这个反感残缺议会、渴望自由议会的城市，不会将他们的钱交给敌人或用于自己所厌恶的目的。于是残缺议会向蒙克将军发出命令，让其毁掉城门和吊闸，将一些固执的市民关进监狱。后者执行了这项命令，而这也是他为他们做的最后一件事。

此时，残缺议会在军官委员会篡权之前对蒙克上将和其他人统领军队的任命即将到期，现在的残缺议会将它们续期。

B：由此，他成为统领共和国的全部军队的六位将军之一。如果我是残缺议会的话，就会让他成为唯一的统帅。在这样的情形下，没有比畜豢更大的罪恶了，他的野心应该得到满足。

A：在拆毁城门之后，将军送给残缺议会一封信，告知他们，这一任务非常有悖于他的本心，并提醒他们这座城市在整场战争中是如何很好地服务于议会的。

B：是的。如果没有来自伦敦城的支持，议会绝无发动战争的可能，残缺议会也无法置国王于死地。

A：残缺议会既未考虑这座城市的功绩，也没有顾及蒙克将军的良好本性，而是忙于颁发委任状、制定废黜国王及其子嗣与恢复旧有的忠诚宣誓的法案，以及与伦敦城谈判以获得资金。残缺议会一些成员和一些隐退成员，将就后者隐退的正当性与他们重入议会可能产生的不利影响展开会谈。将军要求旁听会谈，并得到了许可。在长时间的商谈之后，将军发现残缺议会的主张不合情理而且充满野心，就宣布他自己和伦敦城一起支持一个自由的议会，与隐退成员（他已与他们约定在白厅会合，并让他们在那里等候他）一起来到威斯敏斯特，让他们在议院中再一次与残缺议会的成员同席议事。所以，现在的议院与1640年的下议院一样，是同一群成员，除了那些死掉的和前往牛津投靠已故国王的人，其余人又全部汇聚于此。

B：但我认为，除非他们的品德已经受到更好的教化，这对国王来说并非益事。

A：他们什么教训都没得到。现在议院中的主要力量又是长老派了。他们确实对蒙克将军感激万分，以致让他成为三个王国所有部队的将军。他们也确实地废除了之前的忠诚宣誓，但这只是因为那些法案有损于他们的党派而已。与之相对，他们没有收回任何悖逆的法令，也没有做任何有益于现任国王的事，反而投票通过并以此宣告，正是已故国王发起了反对两院的战争。

B：如果将两个议院看作两个人，难道他们不是国王的两个臣民吗？如果一个国王组建了一支军队来反对他的一位臣民，在他可能以让步换取和平的情况下（当前情况正是如此），难道他的这位臣民以武力反抗他是合法的吗？

A：他们知道自己的行为既卑鄙又愚蠢，但不愿意承认这一点，因为他们自以为拥有超凡的智慧和虔诚。长老派成员看到现在是表白他们信仰的时候了，便向下议院提交了公告，以宣示其立场之坚定不移。此公告在议院中经过六次审读之后，投票通过并批准刊印，每年须在每个教堂公开宣读一次。

B：我在此重申，长期议会的重建是无益于国王的。

A：少安毋躁。他们是在两个条件下重建的：一是要在〔1660

年〕3月底之前结束他们的会议,二是在他们闭会前发出召集令以选举新一届议员。

B:这还差不多。

A:这也为国王的归来创造了契机。这个国家已经在长期议会手上吃尽了苦头,所以几乎没有哪一个长期议会议员能够再次当选。新一届议会于1660年4月25日开会。至于这些人如何迅速地迎回了国王,人们是如何隆重而欣喜地欢迎他,陛下如何诚挚地敦促议会通过赦免法案,而被排除在法案之外的人又是如何少有,这些情况你和我同样清楚。

B:但我没有看到长老派有任何放弃他们之前主张的意思。我们不过是回到了叛乱开始时的状态。

A:并非如此。因为在那之前,英格兰的国王们已经凭借主权而拥有掌控民兵组织的权利,虽然这一点不容置疑,且不需要通过议会的任何法案而彰显,但在这次血腥的争端之后,下一届议会,也就是当今议会,以明确而适切的措辞宣布这一权利只属于国王,而不属上下议院中的任何一个。这一法案比任何以主权名义而进行的论证对于人民都更加有指导意义,因此能更有效地打消今后所有心怀不轨的煽动者的野心。

B:我祈求上帝,愿事情果真如此。然而,我必须承认,这一届议会为保障我们的和平做了议会所能做的一切。我认为这些也就足够了,即使传道士们会给他们的听众灌输邪恶的价值观。在这一场革命中我看到主权权力的交接,从已故国王,经过两个篡权者,而传递到他的儿子,也就是现在的国王手中。这一主权(暂且不提军官委员会的权力,他们手中的权力不仅是暂时的,而且只不过是代为行使)从国王查理一世传到长期议会,又到残缺议会,从残缺议会到奥利弗·克伦威尔,接着又从理查德·克伦威尔回到残缺议会,再到长期议会,最后到国王查理二世——愿主权权力在他手中永世长存。

A:阿门。也愿这样一位将军在他需要时长伴身侧。

B:直到这番谈话结束之前,您都几乎没有告诉我什么有关这位将军的事迹。不过说真的,我认为带着这么少的士兵从苏格兰出发一路到伦敦,是有史以来最伟大的谋略了。